原油投资
晋级技巧

从1万到100万

现货原油

轻松实现“赚大赔小”的操盘秘籍

栗民智◎著

中国经济出版社
CHINA ECONOMIC PUBLISHING HOUSE
北京

图书在版编目（CIP）数据

从1万到100万：现货原油轻松实现“赚大赔小”的操盘秘籍/栗民智著.
北京：中国经济出版社，2016.7
ISBN 978－7－5136－3659－9

Ⅰ.①从… Ⅱ.①栗… Ⅲ.①原油—投资—基本知识 Ⅳ.①F830.9

中国版本图书馆CIP数据核字（2016）第137596号

责任编辑　牛慧珍
责任审读　贺　静
责任印制　马小宾
封面设计　久品轩工作室

出版发行　中国经济出版社
印 刷 者　北京科信印刷有限公司
经 销 者　各地新华书店
开　　本　710mm×1000mm　1/16
印　　张　11.75
字　　数　130千字
版　　次　2016年7月第1版
印　　次　2016年7月第1次
定　　价　50.00元
广告经营许可证　京西工商广字第8179号

中国经济出版社 **网址** www.economyph.com **社址** 北京市西城区百万庄北街3号 **邮编** 100037

本版图书如存在印装质量问题，请与本社发行中心联系调换（联系电话：010－68330607）

序　言

FREFACE

现货石油操盘制胜之道

你在这个市场为什么会赔钱？

你在这个市场为什么学习了很多方法，仍然赔钱？

你在这个市场为什么找了很多行业高手学习，可还是赔钱？

你在这个市场为什么付出了所有的努力，最终还是赔钱？

为什么会这样？

因为你在这个市场做不到赚大赔小。

你学习再多的方法，找再多的老师都没用。

赚大赔小是在这个市场生存的唯一法则。

要想在这个市场盈利，你必须做到赚大赔小。

如何才能做到赚大赔小呢？

本书通过5个章节为大家解决这个问题：第一章介绍国际原油基础知识；第二章介绍如何投资现货原油；第三章介绍如何确立赚

大赔小的投资理念；第四章介绍赚大赔小的盈利模型，这也是本书的重点；第五章介绍赚大赔小交易模型的实战运用，这一章也非常重要。希望大家通过对本书的学习，能熟练掌握赚大赔小的交易模型，最终为大家的投资带来盈利。

这个盈利模型的核心：波段操作—趋势转折点—买卖点—赚大赔小。具体就是要想实现赚大赔小必须进行波段操作，而波段操作的重点就是找准波段转折点；如何找到波段转折点，就是利用赚大赔小的盈利模型来找。这样就实现了由投资理念到具体方法的转变，就是根据赚大赔小的盈利模型的买卖点，果断按交易信号进出，错了小赔，对了就实现大赚。

本书是在《现货白银瀑布线趋势交易法》和《从 1 万到 100 万：现货白银 36 条必胜操盘秘籍》两本书的基础上，进行归纳、总结、论证、实践而形成的。在这三本书当中，这一本是最简单、最具实战操作意义的，是我所有交易理念及操作方法的总结，方法简单，易学，易懂，易操作。只要坚持执行交易信号，你一定可以实现赚大赔小，最终实现自己资产的复利增长。

本书在撰写过程中得到了中国经济出版社的大力支持，特别是牛慧珍编辑的配合与支持，在此表示衷心的感谢！

希望本书能给广大投资者朋友带来实实在在的帮助！我的愿望是：愿每一个投资者朋友在这个市场都能实现赚大赔小，最终实现盈利。

凡是喜欢本书的投资理念及操作方法，需要现货原油及白银开户、交易方法指导、学习和交流的，可以通过以下方式与我本人联系：

工作 QQ：1035197243　　　电话：13532871023

栗民智贵金属赚大赔小行情分析系统体验下载网址：

http：//url. cn/27o8LjG

手机直播客户端下载网址：

安卓直播间客户端：http：//url. cn/2CJhE6U

苹果直播间客户端：https：//cobosi. com/app/update. html

轻松实现赚大赔小的交易秘籍高级培训讲座下载地址：

http：//url. cn/2CAQ1IV

本人网站：http：//www. pubuxian. com

目　录

CONTENTS

上篇　投资理念

第一章　现货原油概述

从2014下半年开始，国际原油价开始大跌。从最高点147美元/桶，跌到现在的30美元/桶，基本上已跌去80%。基本上以石油支撑国民经济发展的国家，现在的日子都非常难过。但从投资的角度来看，原油投资的价值却在不断显现，现在国内很多投资者都在投资原油。本章使你对原油有一个全面清晰的认识，从而为后面现货原油投资做好铺垫。

第二章　如何投资现货原油

通过上一章的学习，我们对现货原油有了一个全面清晰的认识。本章我们主要学习如何投资现货原油，涉及交易平台的选择、开户交易、控制风险、止损止赢，以及入市之前的准备工作等。

下篇　投资实战

第三章　“赚大赔小”的投资策略

“赚大赔小”是我们在这个市场上的生存之本。因此，我们的任何操作方法，都必须以是否能做到“赚大赔小”来衡量其好坏。本章主要是让大家确立“赚大赔小”的投资策略，在此投资理念的指导下，用波段操作的方法找到波段转折点。

第四章　赚大赔小交易模型

上一章主要学习赚大赔小的投资理念，本章我们具体学习赚大赔小交易模型，也就是实现赚大赔小的具体方法。本章会结合实例给大家讲解赚大赔小交易模型的建仓、平仓标准，以及运用方法和注意事项，让大家真正掌握这个简单、易学、易操作的交易模型。

第五章　赚大赔小交易模型实战案例分析

上一章我们学习了赚大赔小的交易模型，本章会结合实例，给大家进行详细的讲解和说明，着重学习该模型在实战操作当中的运用，比如在建仓平仓、止损止赢当中如何进行操作；在什么样的周期下进行操作；在操作过程中运用难点在哪里；如何克服这些问题；等等。

上篇 投资理念

第一章 现货原油概述

从2014下半年开始，国际原油价开始大跌。从最高点147美元/桶，跌到现在的30美元/桶，基本上已跌去80%。基本上以石油支撑国民经济发展的国家，现在的日子都非常难过。但从投资的角度来看，原油投资的价值却在不断显现，现在国内很多投资者都在投资原油。本章使你对原油有一个全面清晰的认识，从而为后面现货原油投资做好铺垫。

作者导读

原油是一个国家的战略物资。从2014下半年开始，国际原油开始大跌。从最高点147美元/桶，跌到现在的30美元/桶，基本上已跌去80%。基本上以石油支撑国民经济发展的国家，现在的日子都非常难过，而最为明显的就是俄罗斯等石油大国。

相反，我们从投资的角度来看，原油投资的价值却在不断显现。现在国内很多投资者都在投资原油，但是在市场上关于原油这方面的书籍太少，很多投资者想学习，都不知道怎么学习。

因此，希望大家通过本章原油基础知识的学习，使你对原油有一个全面清晰的认识，从而为后面现货原油投资做好铺垫。

投资格言

利弗莫尔一向认为，“时间”是交易中客观而核心的要素。他经常对别人说：“一个人能赚到钱靠的不是想法，让他真正赚到钱的是坐在那里等待机会的出现。”当所有条件都满足他的要求，当所有的可变因素都对他有利，这个时候，利弗莫尔就果断地一剑封喉，就像一条迅猛的眼镜蛇。

注：本章的部分内容摘自互联网。

第一节　国际石油体系的发展史

石油作为最重要的战略资源和民生资源，直接影响着各个国家的政治、经济和军事政策。既然石油拥有如此之高的重要性，那么我们就很有必要了解一下国际石油体系的产生和发展。

石油的发现和被大规模地利用虽然只有短短的一个半世纪，但它直接改变了整个人类的发展轨迹，至今它的影响力也是只强不弱。而石油作为最重要的战略资源和民生资源，直接影响着各个国家的政治、经济和军事政策。因为石油具有如此之高的重要性，所以形成国际石油体系也是必然趋势。

一、国际石油体系是如何产生和发展的

国际石油体系发端于20世纪初，相对于世界政治、经济体系的发展有一定的滞后性，并在不断成形和完善的过程中经历了由英国主导到美国主导再到欧佩克（OPEC）主导直至美国主导下多方协调平衡的转变。

第一次世界大战加深了人们对石油的认识：只有取得充足的石

油资源才能维持现代经济的繁荣和高度机械化的战争，石油完成了从普通商品到战略资源的转变。1928 年，美国、英国石油公司签订《阿奇纳卡里“按现状”协议》，美国、英国、法国、荷兰四国政府和石油公司签署了《红线协定》。

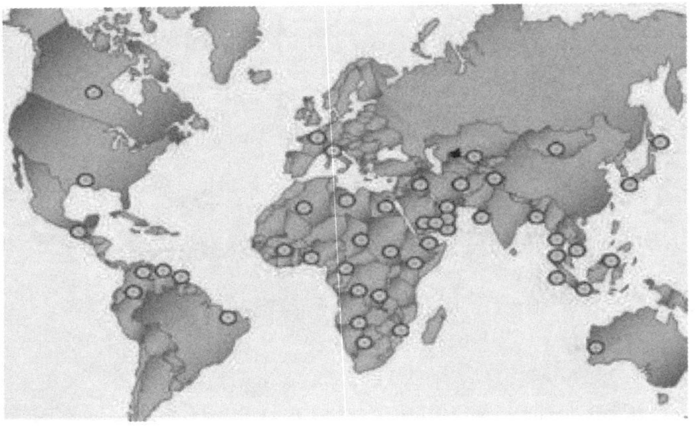

“《阿奇纳卡里‘按现状’协议》划分了市场份额，《红线协定》划分了开采领地。它们共同组成了世界石油工业的卡特尔。”这些由英国石油公司制定的规则加强了由英国主导的国际石油秩序，在此秩序下国际石油体系逐渐成形。第一次世界大战重创了英国，标志着大英帝国的衰落，但英国仍不甘心放弃国际石油秩序的主导地位。这种实力和愿望之间的矛盾加剧了世界经济和国际石油市场的波动，并造成了两次世界大战之间国际政治经济及石油市场的不稳定状态。

查尔斯·金德伯格在分析 20 世纪 30 年代大危机的原因时指出，第一次世界大战结束以后，英国已经丧失了领导全球经济的能力，继而为美国所替代。由于英国没有能力，美国又不愿意承担稳定国际经济体系的责任，致使该体系处于不稳定的状态。

在世界政治经济大变动的背景下，国际石油秩序由英国主导转为美国主导是历史的必然。但在第二次世界大战以前，尽管美国公司在中东石油开发上获得了美国政府的支持，但美国政府还是很少卷入国际石油权力的争夺中，而主要关注国内的生产控制。

第二次世界大战中，石油对于现代战争和经济的重要战略意义凸显，盟军的胜利被认为在很大程度上得益于石油的充分供应，其中绝大部分来自美国。从 1941 年 12 月到 1945 年 8 月，美国及其盟国共消费了 70 亿桶石油，其中的 60 亿桶来自美国。在 1939 年以前，中东石油只占世界石油总产量的 5%，在国际石油市场上仍然无足轻重，欧洲国家的石油进口主要来自美国和墨西哥，从波斯湾进口的石油仅占其全部进口量的 20%。

第二次世界大战是美国对外石油政策的转折点，作为第二次世界大战后崛起的超级大国，美国战略利益开始扩展到全球，构筑包括石油秩序在内的国际新秩序。依靠相互持股的跨国石油公司，美国逐步实现了对中东石油的开发和控制，并推动了盟国的经济复兴。

美国在伊朗石油危机和苏伊士危机中动用政治、经济和军事力量来维持对国际石油市场的控制，进一步重创了英国在中东的石油权力，巩固了美国的霸权。此时，国际石油体系确立，主导权也从英国转移至美国。这一体系由美国、盟国、石油公司和生产国等构成，在一定条件下具有相对稳定性。但是，这一体系并没有明确运作的规则，对参与国家的约束也比较松，其所隐含的结构性冲突和矛盾主要来自于不同利益体的分歧和演化。

20 世纪 50 年代中期到 70 年代中期是世界石油工业急速成长的“黄金时期”，石油产量和探明可采储量高速增长。一方面，中东、俄罗斯和其他地方陆续发现一批大型或特大型油田，中东成为世界石油工业的中心和世界最主要的石油供应地；另一方面，战后美国通过马歇尔计划，推动欧洲主要工业国家实现了能源结构的大调整，实现了以煤为主到以油为主的转变。

20 世纪 70 年代之前，美国主导的国际石油体系受到了严峻的挑战和冲击。从 20 世纪 50 年代末开始，国际石油公司在全球石油供应大幅增加的情况下不断压低油价，石油生产国利益受损，直接导致了 1960 年 OPEC 的产生。从 20 世纪 60 年代中期开始，美国的剩余石油产能迅速下降，动摇了其在世界石油体系中的主导地位。1966 年，中东主要石油出口国的石油产量首次超过美国。

此后，以利比亚和伊朗为代表的中东和非洲石油生产国不断挑战国际石油秩序。1973 年 10 月，第四次中东战争爆发，为打击以色列及其支持者，OPEC 的阿拉伯成员国联合限制石油产量，宣布收回原油标价权，将原油基准价格从每桶 3. 011 美元提高到 10. 651 美元，引发了第二次世界大战之后最严重的全球经济危机。

第一次石油危机尚未完全平息，1978 年底，世界第二大石油出口国伊朗的政局发生剧烈动荡，亲美的温和派国王巴列维下台，引发了第二次石油危机。1980 年，两伊战争爆发，两国石油产量从每天 580 万桶骤降到 100 万桶以下，打破了全球原油市场上脆弱的供求平衡，油价从每桶 13 美元猛涨至 34 美元。两次石油危机对发达国家的经济造成了严重冲击，经济增速明显放慢。

20 世纪 70 年代中期到 80 年代中期，OPEC 成为世界石油市场的主导力量，其主张的高油价政策使国际石油市场经历了 10 多年的高油价时期。但是与此同时，市场机制开始发挥作用，OPEC 的优势逐渐消失，对于国际石油秩序的控制力开始下降。

这种状况的出现主要有两方面的原因：

一方面，欧佩克内部出现了分裂。频频爆发的内部冲突，比如两伊战争、伊拉克侵略科威特等削弱了 OPEC 的整体力量。而且，一些 OPEC 成员国在高油价时不遵守配额约定，损害了为维持油价承担减产份额的沙特阿拉伯等国的利益。

另一方面，高油价改变了世界石油市场的结构。世界各国对石油产业的投资迅速增长，西非、阿拉斯加、北海等新油田陆续被发现，非欧佩克国家石油产量不断上升。

同时，美国、欧洲、日本等加快了能源结构的调整，积极发展石油节约和替代技术。加上经济衰退所导致的石油需求减少，世界石油市场很快就出现了需求疲软、供大于求的局面。OPEC 的市场份额逐渐缩小，到 1981 年，非 OPEC 国家石油产量超过 OPEC 国家。1985 年 9 月，OPEC 放弃了减产保价的高油价战略。此后，国际石油市场在经历了 1998 年亚洲金融危机的动荡后，逐渐恢复供需平衡。

2000 年至今，尽管国际石油市场也经常出现波动，但是国际石油体系出现了合作与规范的特征，OPEC 产油国和非 OPEC 产油国之间、产油国和消费国之间对这一体系逐步达成共识，在稳定石油供应和价格问题上也陆续实现了合作。这意味着国际石油体系逐渐走向了成熟。尽管屡遭冲击，但美国始终是国际石油体系的重要力量，对推动这一体系的形成和维护这一体系发挥了重要的作用。

二、国际石油体系的未来走向

我国的石油资源匮乏，为了满足我国对石油资源的巨大需求，我们只能依赖于石油进口。因此我国在国际石油体系中的地位并不能与我国的世界大国地位相匹配，要想取得相应的地位我们还有很长一段路要走。

虽然国际石油体系已经发展得比较完善，但是国际石油体系还是受到很多客观因素的影响和冲击。尽管如此，目前和未来很长一段时间内，国际石油体系仍将在国际石油贸易中发挥重要作用。不可否认的是美国依然在国际石油体系中占主导地位。

关于国际石油体系的未来走向，主要从以下几个方面分析：

1. 国际石油体系正面临冲击和挑战

对于国际石油体系的发展前景，业内也有一定的分歧。一种观点认为未来这一体系将逐渐淡化，主要理由是近年来资源市场供需结构已经发生巨大的变化，国际石油体系发生了很大的变化。

一是非 OPEC 产油国崛起，OPEC 的供应主体地位面临挑战。20 世纪 80 年代，由于世界石油需求量急剧下降和非 OPEC 国家石油产量的上升，OPEC 逐渐丧失调节石油价格的支配权，在世界石油市场的地位和影响力也有所下降。特别是近年来北美、非洲等地区的油气产量不断增加，使得 OPEC 在全球油气产量中的比重进一步下降。

二是资源民族主义日益兴起。随着资源价格走高，资源生产国不断加强对能源资源的控制，希望以资源特别是化石能源作为手段巩固本国财政基础，抵御外部经济风险。2009 年全球金融危机爆发后，大宗商品价格暴跌使资源民族主义浪潮放缓，但如今又有复苏之势。资源国纷纷增税、重新谈判合作条件、国有公司扩大参与，甚至开始国有化，增加了跨国石油公司海外扩张的难度，削弱了美国等国对石油资源的控制力，冲击了原有的国际石油体系。

三是替代能源发展加快。石油价格的上涨和全球气候变化的压力为清洁可再生能源的发展创造了条件，太阳能、风能、生物质柴油、乙醇汽油发展进一步加快。为减少对化石能源的依赖，美国、欧洲、日本等纷纷调整或制定新能源发展战略，加快替代能源的发展，对传统的油气产业和能源结构产生了较大的影响。

2. 石油的重要地位短期内不会动摇

从总量上看，全球石油需求仍将保持上升趋势。虽然以美国、欧洲国家和日本为代表的 OECD（经济合作与发展组织）国家需求比重不断下降，但它们仍然是世界主要的石油消费和进口地区。

以中国、印度为代表的新兴经济体随着经济的快速发展，原油消费量和进口量都将大幅增长。

一些产油国石油消费量近年来也呈不断增长趋势。尤其是全球金融危机发生后，一些大型的发展中国家推出了庞大的能源密集型的经济刺激方案，更加剧了这种趋势。

从长期来看，经济复苏过程中能源需求的恢复性增长和更多资源密集型发展中国家的崛起将使得全球石油需求继续增长。从结构上看，由于新能源发展尚面临技术不成熟、产业发展成本高两大瓶颈制约，较长时期内以石油和天然气为主的化石能源仍将在一次能源结构中占据主导地位。据一些机构分析，在未来一二十年，化石能源在一次能源中的比重仍将保持在 80% 以上。

目前，地缘政治动荡、对石油资源投资乏力、冶炼瓶颈、安全问题等均对产油国的产量造成一定影响，全球石油行业面临的主要困难仍是扩大石油开采量。鉴于世界能源消费结构在短期内难有重大改变，石油、天然气等油气资源的战略地位将愈显突出，产油国、消费国、国际石油公司围绕石油的竞争仍将延续。

3. 美国仍有意愿和能力主导国际石油体系

虽然美国在石油价格和贸易等问题上已不再起完全的决定作用，但从国际石油体系中各行为体间的关系和地位来看，还没有其他国家或国际组织能改变美国主导的现状。美国仍将在国际石油体系中占据着主导地位。尽管全球金融危机打击了美国经济，但美国依然是世界上最大的经济体，其经济规模、社会制度认同度、军事力量规模、在国际体系中的政治影响力仍然全球领先。

我国作为一个消费大国，在未来很长一段时间里，石油消费将继续增长。而我国自产石油根本无法满足我国的石油需求，石油进口仍将是满足我国石油消费的主要方式。在这样的处境下，我国加入国际石油体系是必然的，这也是保证我国能源安全、稳定石油供应、缓解油价波动对实体经济冲击的必要手段。由于我国的石油资源储量不足，因此我国在国际石油体系中的话语权很小，因而在提高我国在国际石油体系中的地位上还有很长一段路要走。

第二节　国际石油输出国组织——欧佩克

原油投资者都知道欧佩克组织的决定对原油投资市场有着重大影响。作为一个合格的原油投资者，必须要对欧佩克组织有详细的了解。只有这样，原油投资者才能知道其决定对原油价格的影响到底体现在哪些方面。

欧佩克（OPEC）是国际上最大的石油输出国组织，欧佩克的主要宗旨就是平衡石油产量，保证石油市场上石油价格的稳定，可以说，欧佩克组织的决定对原油投资市场有着决定性的作用。作为原油投资者，必须要熟知关于欧佩克的所有相关知识，只有这样才能从根本上了解其对原油价格的影响表现在哪些方面，下面向大家详细介绍欧佩克组织。

一、什么是欧佩克

1960 年 9 月，伊朗、伊拉克、科威特、沙特阿拉伯和委内瑞拉的代表在巴格达开会，决定联合起来共同对付西方石油公司，维护石油收入，14 日，五国宣告成立石油输出国组织（Organization of

Petroleum Exporting Countries，OPEC），简称“欧佩克”。之后，随着成员国的增加，欧佩克发展成为亚洲、非洲和拉丁美洲一些主要石油生产国的国际性石油组织。欧佩克总部设在维也纳。现在，欧佩克旨在通过消除有害的、不必要的价格波动，确保国际石油市场上石油价格的稳定，保证各成员国在任何情况下都能获得稳定的石油收入，并为石油消费国提供足够、经济、长期的石油供应。

二、欧佩克的宗旨

协调和统一各成员国的石油政策，并确定以最适宜的手段来维护它们各自和共同的利益。

三、欧佩克的组织结构

1. 欧佩克大会

欧佩克大会是该组织的最高权力机构，各成员国向大会派出以石油、矿产和能源部长（大臣）为首的代表团。大会每年召开两次，如有需要还可召开特别会议。大会奉行全体成员国一致原则，每个成员国均为一票，负责制定该组织的大政方针，并决定以何种适当方式加以执行。

2. 欧佩克理事会

欧佩克理事会类似于普通商业机构的理事会，由各成员国提名并经大会通过的理事组成，每两年为一届。理事会负责管理欧佩克的日常事务，执行大会决议，起草年度预算报告，并提交大会审议通过。理事会还审议由秘书长向大会提交的有关欧佩克日常事务的报告。

3. 欧佩克秘书处

欧佩克秘书处依据欧佩克组织条例，在理事会的领导下负责行使该组织的行政性职能。秘书处由秘书长、调研室、数据服务中心、能源形势研究部门、石油市场分析部门、行政与人事部门、信息部门、秘书长办公室以及法律室组成。秘书处于 1961 年设立，办公地点最初设在日内瓦，后于 1965 年移至维也纳。秘书处内设有一专门机构——经济委员会，协助该组织把国际石油价格稳定在公平合理的水平上。

欧佩克组织的主要作用在于对石油当前形势和市场走向加以分析预测，明确经济增长速率和石油供求状况等多项基本因素，然后据此磋商在其石油政策中进行何种调整。例如，在以往数次大会中，欧佩克成员国曾分别确定提高或是减少该组织的总体石油产量，以便维持石油价格的稳定，为消费国提供稳定的短期、中期乃至长期的石油供应。

第三节　全球十大原油生产国

石油在世界范围内的储量是有限的，所以，石油资源异常珍贵。世界上的石油产量主要来自包括沙特阿拉伯、美国、俄罗斯等在内的十大石油生产国。

石油在人类生活生产中扮演着很重要的角色，是世界各国的主要能源。一直以来，世界各国对石油的争夺战从未停止，特别是利比亚、阿拉伯等地区。掌握了石油资源在某种程度上就掌握了石油的控制权。下面向大家介绍全球十大石油生产国：

排名	国家	石油产量
1	沙特阿拉伯	13.24%
2	美国	11.94%
3	俄罗斯	11.64%
4	中国	4.7%
5	伊朗	4.6%
6	加拿大	4.4%
7	阿拉伯酋长国	3.6%
8	墨西哥	3.3%
9	巴西	3.15%
10	科威特	3.1%

全球石油产量第一大国：沙特阿拉伯

沙特阿拉伯是西亚中东国家最大石油生产国，占全球石油生产总量的13.24%，探明储量仍然有大约2630亿桶。每天生产石油1175万桶，首都是利雅得，货币是沙特里亚尔，人口约2829万。

全球石油产量第二大国：美国

美国是全球第二大石油生产国，占全球石油生产总量的11.94%，探明储量达210亿桶。美国也是最大石油资源消费国，仍然从其他国家进口石油。每天生产石油1059万桶，首都是华盛顿。

全球石油产量第三大国：俄罗斯

俄罗斯位于欧亚大陆北部，石油产量占全球的11.64%，探明储量为600亿桶，东西伯利亚还有未充分发掘的石油，初步估计，可能达到47亿桶。每天生产石油1030万桶。

全球石油产量第四大国：中国

20世纪50年代末，中国东北部发现了大量石油储备，生产石油约占全球产量的4.7%，探明储量大约是203.5亿桶。与美国一样，中国也是一个大的石油消费国。每天生产石油419万桶。

全球石油产量第五大国：伊朗

伊朗生产石油占全球产量的4.6%，探明储量为1370亿桶，包括常规石油储量10%，每天生产石油413万桶。官方语言是波斯语。

全球石油产量第六大国：加拿大

加拿大生产石油占全球生产量的4.4%，估计储量有1790亿桶，大部分石油位于阿尔伯塔省，每天生产石油392万桶，首都是渥太华，人口约3488万。

全球石油产量第七大国：阿拉伯酋长国

阿拉伯酋长国位于阿拉伯半岛波斯湾东南端，东部接壤沙特阿拉伯南部，石油生产占全球总量的3.6%，石油储备达到980亿桶，大部分在阿布扎比、迪拜和沙迦地区。每天生产石油323万桶，货币是阿联酋迪拉姆，首都是阿布扎比。

全球石油产量第八大国：墨西哥

墨西哥是美洲第五大国，生产石油占全球总量的3.3%，探明储备是104.2亿桶，每天生产295万桶，首都是墨西哥城，官方语言是西班牙语，货币是墨西哥比索。

全球石油产量第九大国：巴西

巴西是南美及拉美地区最大国家，生产石油占全球总量的3.15%，得益于卢拉油田，这是西半球最大油田，位于桑托斯盆地，距离里约热内卢海岸大约250公里，探明储量是128.6亿桶；还有木星油田，位于卢拉东部37公里。首都是巴西利亚，货币是巴西雷亚尔，官方语言是葡萄牙语。

全球石油产量第十大国：科威特

科威特位于阿拉伯半岛东北波斯湾一角，北部接壤伊拉克，1938年发现石油，拥有石油产量占全球市场的3.1%，探明储量是1040亿桶，每天生产石油275万桶。首都是科威特市，货币是科威特第纳尔。

学习这些石油基础知识对于原油投资也是非常有用的，通过学习世界各国的石油产量，我们就知道哪个国家在国际石油市场更具有话语权，那么它的各方面的消息对原油价格的影响也就更大。

第四节　世界五大原油市场及六大石油巨头

一、五大原油市场

现货原油是目前国际投资市场上非常热门的投资品种，国内的一些原油投资者也可以选择在国内的原油投资平台开户交易。目前世界上比较大的现货原油市场有五个。

现货原油已经成为国际投资市场越来越热门的投资品种，其独特的交易机制和产品特性，让现货原油投资成为很多投资者的不二选择。目前世界上比较大的现货原油市场有五个：美国市场、新加坡市场、地中海市场、加勒比海市场和西北欧市场。

1. 美国现货原油市场

美国是世界石油消费大国。尽管美国石油产量居世界第三，但仍然每年大量进口原油，于是在临墨西哥湾的休斯顿、大西洋的波特兰港和纽约港形成了庞大的现货原油交易市场。

2. 新加坡现货原油市场

新加坡市场是发展最迅速的市场，已成为南亚和东南亚的现货原油交易中心。新加坡市场地处波斯湾至日本航线的中间，所以该市场在现货原油交易中特别重要。原油及油品来自中东和当地的炼油厂。由于日本的石脑油消费量很大，所以石脑油和燃料油在该市场占有很大份额。

3. 地中海现货原油市场

地中海现货原油交易市场分布在意大利的地中海沿岸，油品供应来自沿海岸岛屿的独立炼油厂，另外有部分来自经由黑海的独联体国家的原油。地中海市场比较平稳，是这一地区重要的油品集散地。

4. 加勒比海现货原油市场

加勒比海市场是较小的现货原油市场，但它对美国和欧洲的供需平衡起着重要的调节作用。该市场的现货原油及油品主要流入美国市场，但如果欧美两地价差大，就会流入欧洲市场，特别是柴油和燃料油。

5. 西北欧现货原油市场

欧洲有两个现货原油市场：西北欧现货原油市场和伦敦现货原油市场。西北欧市场比伦敦市场大，它分布在阿姆斯特丹—鹿特丹—安特卫普（Amsterdam-Rotterdam-Antwerp，ARA），鹿特丹是西北欧市场的核心。西北欧市场主要为德国、英国、荷兰、法国服务。这一地区集中了西欧重要的油港码头和炼油厂。现货原油主要来自独联体国家，其次是北海油田原油和 ARA 地区独立炼油厂的油品。

二、世界六大石油企业巨头

人类生活所需的能源是经过石油生产企业的加工而得到的，作为一个原油投资者，必须要对石油的这些基础知识有一个详细的了解。目前世界上比较大的石油生产企业有六家。

地下开采出来的石油必须经过石油生产企业的加工生产才能供人类使用，原油投资者必须要对石油生产企业有一个基础的了解。目前世界上比较大的石油生产企业有六家，分别是皇家荷兰集团、埃克森公司、英国石油公司、德士古公司、菲利普斯石油公司和道达尔菲纳埃尔夫公司。下面，我将为大家做一个详细的介绍。

1. 皇家荷兰集团

皇家荷兰集团是世界著名的大型跨国石油公司，成立于 1907 年，一直由皇家荷兰石油公司占 60% 的股份，壳牌运输和贸易公司（英国）占 40% 的股份。两家母公司均为上市公司，皇家荷兰石油公司的股票在阿姆斯特丹、伦敦、纽约、苏黎士等 9 个城市挂牌上市，壳牌运输和贸易公司在伦敦、纽约、巴黎等 5 个城市挂牌上市。1996 年，皇家荷兰/壳牌公司集团在全球 500 家大公司中排名第 6 位，在全球石油公司中排名第 1 位。该公司集团主要从事石油上下游及化工业务，在世界 100 多个国家和地区拥有 2000 多个分公司，现有员工10.1万人。公司集团总部分设在荷兰海牙和英国伦敦，现任主席是贺诗德（C. A. J. Herketroter）。

2. 埃克森公司

埃克森公司是世界上最大的跨国石油公司之一。在1999年美国《财富》杂志根据1998年总收入排名的世界500家最大公司中，埃克森公司位居第8位，在石油公司中排在第1位。同时，埃克森公司也是美国《石油情报周刊》1998年12月14日根据1997年石油储量、天然气储量、石油产量、天然气产量、石油加工能力和油品销售量六项指标综合测算排名的世界第六大石油公司。

3. 英国石油公司

英国石油公司（BP）是目前世界第四大上下游一体化经营的跨国石油公司，业务遍及世界100多个国家和地区，范围包括油气勘探及开采、炼油和营销、石油化学品三个主要领域，还涉及金融、太阳能等其他方面。在1996年美国《幸福》杂志评选的世界500强公司中名列第21位，在世界大石油公司中名列第4位。公司总部设在英国伦敦，现任董事长是戴维·西蒙（David Simon），总经理是约翰·布朗（John Browne）。BP是世界上公开上市的第三大石油公司，其股票在纽约、伦敦、巴黎、法兰克福、苏黎世、东京挂牌上市。

4. 德士古公司

德士古公司是世界著名的跨国石油公司之一，也是西方石油“七姊妹”之一。它主要从事石油和天然气的勘探、生产、炼制、运输和销售。该公司在1995年8月7日美国《幸福》杂志公布的，按总收入排名的1995年全球500家最大公司（包括服务类公司）中位居第44位，在石油公司中位居第6位。1996年德士古公司的总收入为455亿美元，利润额为20.18亿美元，总资产为269.63亿美元，股东权益为103.72亿美元，职工总数为2.9万人。1996年，德士古公司的原油储量为3.7亿吨，原油产量为3735万吨，天然气储量为1690亿立方米，天然气产量为212亿立方米，原油加工能力为6022万吨，油品销售量为1.48亿立方米。

5. 菲利普斯石油公司

菲利普斯石油公司是美国一家国际化经营的大型石油公司，成立于1917年。1995年拥有石油储量1.49亿吨，天然气储量1900亿立方米；1996年石油产量为1095万吨（23.7万桶/日），天然气产量为157.7亿立方米。1996年总收入为158.07亿美元，净收入为13.03亿美元，总资产为135.48亿美元，雇员人数为1.72万人。主要子公司有菲利普斯石油资源有限公司、菲利普斯石油化学亚洲有限公司、菲利普斯石油国际有限公司、菲利普斯66公司。

6. 道达尔菲纳埃尔夫公司

道达尔菲纳埃尔夫公司是由法国道达尔菲纳石油公司与法国埃尔夫公司共同合并组建的一体化石油公司。2000年2月9日，欧盟委员会批准了道达尔菲纳石油公司对埃尔夫公司的购并议案，两家公司合并后，道达尔菲纳公司持有埃尔夫公司95%的股份。道达尔菲纳埃尔夫石油公司主要从事油气的勘探、生产、炼油以及成品油、颜料和特殊化学产品的销售、贸易、原油及其衍生物的船运及天然气的运输和销售。

以上就是世界上最大的六家石油生产企业，原油投资者可以稍作了解，原油投资知识只有经过不断的积累才会慢慢提高。

第五节　影响原油价格的主要因素有哪些

自 2014 年 6 月开始，原油就开始踏上下跌之路，从此大有一去不复返之意，由于原油“过山车”的闹腾行情，让炒原油的投资客们做空原油大赚了一把。那么影响原油价格的主要因素有哪些呢？

1. 石油输出国组织（OPEC）的动向。主要有两项观察重点，即 OPEC 各国制定之产量配额变动及遵守协议的态度与市场占有率的变化。20 世纪 80 年代，由于非 OPEC 国家如俄罗斯、英国、挪威等原油产量的增加，OPEC 曾削减过其产量，因而保留了大量的剩余产能，对缓冲全球原油供给不足有很大意义；如 2003 年伊拉克战争，伊拉克原油生产大减，但沙特阿拉伯和科威特立即增产，填补了伊拉克出口的下降，成功防止了油价大幅波动。

2. 主要生产国的政经情势及生产策略或提炼技术的变化。所谓主要生产国，指苏联、美国及沙特阿拉伯。在 1990 年以前苏联产量最大，但苏联解体后产量大减，沙特阿拉伯则因波湾事件得以快速扩充产能，在 1991 年更占有 OPEC 会员总产量的 35%，而成为世界最大产油国。但 OPEC 国家仍掌握大部分油源，且可开采时间尚在

100年左右，因此仍旧是一股举足轻重的势力。若以地区来划分的话，可划为六大地区，即北海、西非、地中海、中东、远东及美国。

3. 战争、封锁、禁运或经济制裁的影响。2002年4月爆发伊拉克战争，油价由4月低点到当年度高点，涨幅达42.59%；2006年因地缘政治的不稳定，油价从当年度最低点61.7美元直到5月高点77.95美元，涨幅达26.33%。因尼日利亚、伊朗、伊拉克及委内瑞拉这些国家提供全球近40%的原油供给，故投资者要留意这些国家的局势。

4. 美国原油供需状况。每周二美国原油协会（API）及每周三美国能源部（EIA）将公布每周能源供需状况变动表，尤其要注意美国原油库存余额的增减情形，对原油影响举足轻重。目前美国是世界上最大的原油进口消费国，就需求面而言，此两项数据的重要性可想而知。

5. 美元指数。原油价格历来都是和美元紧密挂钩的，其交割和计价都是用美元来结算，所以美元指数也会对原油价格产生影响。石油价格变动和美元指数变动呈一定的反相关关系。例如，美元若持续贬值，以美元标价的石油产品的实际收入就会下降，导致石油输出国组织需要通过提升原油价格作为应对措施来保持其价值的相对稳定。同理，若美元升值，则油价会有所下调。

6. 全球经济状况及工业发展情况。经济状况好转导致工业活动盛行，而原油需求也受到提振，带动油价走升；反之经济处于低迷时，工业活动衰弱，原油需求降低，导致油价走软。

7. 季节性因素。一般来说，在每年的5—9月暑假旅游旺季，无铅汽油的价格有走高的趋势；而每年从 10 月到隔年 4 月间热燃油有走高趋势。每年美国冬季时东部气温的高低，对原油价格影响也很大。

第六节　国际原油市场的格局、定价机制及跌宕起伏的石油价格

一、国际原油市场的格局、定价机制

国际原油市场在储量、生产供应和消费需求因地区不同存在严重的不平衡状态。从原油的储备来看，中东地区的储量占到全球的近一半，美洲占到近三分之一，十大原油储量国的总和占到80%以上。从实际的生产供应来看，全球原油主要生产地区为中东、欧洲及北美。从近些年的供应形势来看，美国页岩油革命的成功使得北美地区产量稳定增长，在常规石油产量进入瓶颈期时，非常规原油的生产成功弥补了需求增长带来的缺口，同样也使得全球能源格局的重心逐渐从中东地区开始转移。从消费需求看，北美、亚太和欧洲等是原油消费的主要地区，其中除了美国、日本、加拿大等经济强国外，由于快速的发展，中国、印度、巴西、俄罗斯等国家对于全球原油需求也起到了强劲的拉动作用。

供应与需求分布的结构差异导致了国际原油市场的复杂性与不稳定性。作为重要的不可再生资源，出于安全与战略方面的考虑，

各主要消费与生产国家及地区运用各种手段影响国际原油市场，形成当前国际原油市场的基本格局。

从区域来划分，目前全球主要的原油现货市场主要分布在欧洲、美国与亚洲，进一步可划分为西北欧市场、地中海市场、加勒比海市场、新加坡市场、美国市场。西北欧市场分布在阿姆斯特丹—鹿特丹—安特卫普地区，主要为德、法、英、荷等国服务，核心在鹿特丹，这一地区集中了西欧重要的油港和大量炼油厂。地中海市场主要分布在意大利的地中海沿岸，供应来源是沿海岸岛屿炼厂，另外一部分来自俄罗斯。加勒比海市场是一个相对较小的现货市场，但是它对于美国和欧洲的供需平衡起到重要的调节作用，该市场原油和油品主要流入美国市场，但是在欧洲、美国两地原油价格拉大时，该地区的油品会流入欧洲市场。美国是全球最大的原油消费国，年消费石油 9 亿吨左右，约占全球总量的 1/4，其中 6 亿吨左右需要进口，于是在美国临近墨西哥湾的休斯敦及大西洋的波特兰港和纽约港形成了一个庞大市场。新加坡市场的出现尽管只有 10 多年时间，但因地理位置优越，发展极为迅速，现已成为南亚和东南亚的石油交易中心，主要交易来自于中东阿拉伯海湾和当地炼厂的油品。

二、回顾十余年跌宕起伏的石油价格

作为石油投资者，有必要了解 2005—2015 年这十年来石油价格的变化情况，了解影响石油价格的因素，相信这些对我们石油投资是很有帮助的。

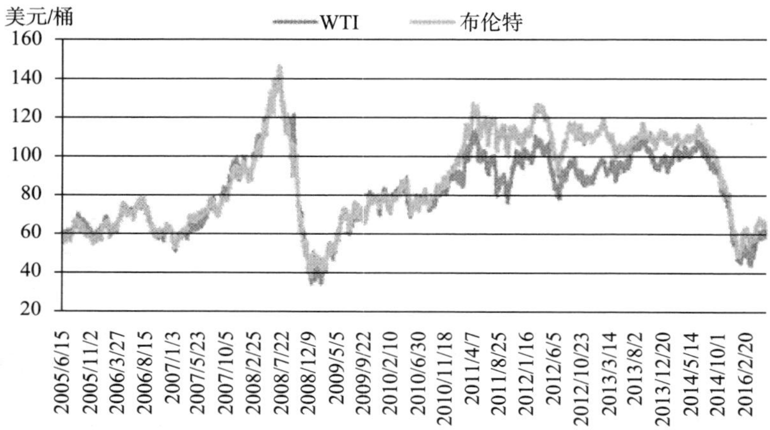

从2005年6月至2016年2月，国际原油的走势变化大致可以分为四个阶段。最高时曾一度冲至147美元/桶的超级高位，最低时也曾一度重挫至33美元/桶的罕见低位。跌宕起伏、大起大落的表现不可谓不精彩。

第一阶段：“风平浪静”（2005.6—2007.10）

从图中可以看出，这段时间石油价格走势总体平稳，且最高点也没有超过80美元/桶。纵观十年，其实80美元/桶可以认为是高油价和低油价的分界线。在这个阶段，50～80美元/桶的油价，其实也可以认为是国际石油价格的理性区间。

第二阶段：“疯狂过山车”（2007.11—2008.12）

从2007年11月开始，油价开始一路向上冲刺，上升势头之猛极其罕见，并且在2008年7月到达顶峰。油价如此疯狂的表现背后，有三大因素支撑：

1. OPEC决定减产。

2. 当时恰逢全球经济快速增长时期，中国原油需求强劲。

3. 美联储大幅降息，美元贬值，投机商炒涨情绪显著。

可以看出，供需两端均现利好，加之疲软美元的支撑，油价一举冲至十年间的高点。不过正所谓盛极必衰，暴涨随后就迎来了暴跌，2008 年 10 月的全球金融危机引爆了高能利空，油价急速下坠至 30～40 美元/桶的区间。

第三阶段："冲高之路"（2009. 1—2014. 6）

从 2009 年第一季度开始，全球经济逐渐从金融危机的阴霾中摆脱，油价再现攀高之路，且在 2011—2013 年稳定在 90～120 美元/桶的高位区间。油价在坠入低谷后迅速反弹并升至高位区间，其主要利好支撑有两点：

1. 这个阶段，正是美联储 QE1－QE3 火力全开的时代，美元汇率趋低，对油价的支撑明显。

2. 供应趋紧的忧虑层出不穷，比如 OPEC 限产、2011 年的利比亚战乱和 2012 年的伊朗石油禁运等。

第四阶段："跳水回归"（2014. 7—2015. 6）

从 2014 年下半年开始，油价自高位转头跳水，市场为之大跌眼镜，7—12 月半年的时间，长达 3 年多的高油价盛世灰飞烟灭。2015 年，油价再度跌回 50～70 美元/桶的区间，十年前的油价水平再现。去年这次让人记忆犹新的暴跌，主要是拜四大利空所赐：

1. 供应充裕、需求疲软，引发多头仓皇逃离，交易商看空情绪不断增强（2014. 6—2014. 9）。

2. 沙特及 OPEC 组织坚持不减产的立场（2014. 10—2015. 1）。

3. 美元强势上扬，"牛市" 特征显现（美联储 2014 年 10 月结束 QE，2015 欧元区 QE 启动)。

4. 全球经济减速，中欧均复苏缓慢，美国经济独木难支。

通过上面的回顾大家应该了解，石油价格在每个阶段的变化，都受到供需面、OPEC、地缘政治、经济面及美元等因素影响，同时也反映着全球的经济发展状况。

第七节　原油价格与其他投资产品之间的关系

原油价格的任何变化都时刻牵动着投资者的心，这和每一个原油投资者的利益是直接挂钩的。而如今的原油投资者大都不是单一投资者，或多或少都会参与股票、贵金属等投资。而原油价格刚好与这些投资品种有一定关系，下面就为大家详细介绍一下它们与原油价格之间的关系。

一、股市与原油价格的关系

如果股市下跌，一般认为是经济形势不好的征兆，经济形势不好就意味着原油需求量下降。买入原油的人少了，供大于求，原油价格自然就会下跌。反之，如果股市上涨，原油价格也会上升。在这种情况下，股市与原油价格呈现正相关的关系。

二、美元汇率与原油价格的关系

原油与美元汇率的关系同黄金与美元汇率的关系有所不同。黄金的价格受美元汇率的影响，原油价格和美元价格更体现出一种互动的关系。

原油价格上涨，世界经济都会受到影响，包括美国这个世界最大的原油消费国。原油价格上涨所带来的通胀压力会给美元带来贬值压力，而美元贬值所带来的直接后果就是以美元计价的原油价格也随之上调。

当然，反过来，油价下降，对经济是个好的信号，人们对美国经济有信心又会推高美元汇率，导致油价进一步下调。原油价格和美元汇率之间的相关系数是－0.7。也就是说，高油价往往和弱势美元同时出现。所以，美元走势与原油价格应是反方向变动的关系。

三、金价与原油价格的关系

黄金是通胀之下的保值品，而原油价格上涨意味着通胀会随之而来，经济的发展不确定性增加，这时候黄金保值避险的作用就会受到人们的青睐。因此，黄金与原油之间存在着正相关的关系，原油价格的上升预示着黄金价格也要上升，原油价格下跌预示着黄金价格也要下跌。从中长期来看，黄金与原油波动趋势是基本一致的，只是大小幅度有所区别。

有了以上的分析，相信一些混合投资者一定会在进行其他投资操作时，对原油价格的变化也会有所了解，甚至可以在原油投资中取得一定的先机。

附录一

投资者成熟的五个阶段

通常每个交易者都会经历入门、学习期、实践期、沉寂迷惑期、成熟期这五个阶段，能不能最终稳定下来还要看能否克服各种各样的困难，努力坚持下去，走到最后。

心态，对于任何一个投资者来说都是最重要的。投资行为有三个最重要的要素：投资者心态、交易方法、交易资金，其中，最重要的便是投资者心态，另外两项是补充与完善。通常情况下，一个投资者都要走过五个阶段。

第一个阶段：入门。这个阶段是指从第一次听说“投资”这个词，到开始懵懂地完成几笔交易。在此期间，投资者对交易的向往与对交易中风险的估计都还处于一个认知阶段，此时投资者的关于交易方法、分析方法的知识多数处于理论阶段，甚至有人直接跨越了基本的学习，就进入了实践环节。这是非常危险的行为，连连失误的操作，导致账面出现大幅亏损。遗憾的是，这种情况通常会在大部分新人中出现。

第二个阶段：学习期。在经历过亏损以后，投资者往往对一些最为基本的知识开始有所了解，并且着手学习更多的知识，阅读大量有关投资交易方面的书籍，测试大量的交易模型，加强自己对投资方面知识的武装，试图通过各个方面提高自己的分析能力，以期在重新进入市场以后能挽回曾经的亏损。

第三个阶段：实践迷惑期。在对相关知识有所了解以后，投资者一般信心大增，认为自己具备了强悍的分析能力，从此可以成为索罗斯、巴菲特第二，于是迫不及待地进入市场，期望能赚到大钱。然而刚学习没有多久的知识并不牢固，对各种交易方法的理解应用也很生疏，甚至出现一边对着书上的例子一边下单入场的情形。对理论知识的痴迷导致失去理性的判断，生搬硬套。一旦出现无法估计的错误，便容易出现赢小亏大的局面，最终迷惑不解甚至郁闷。

第四个阶段：沉寂阶段。在不断的失败以后，往往会进入一个沉寂阶段，开始怀疑市场中是否有人能赚到钱，怀疑之前学习的知识是否有用，怀疑自己是否适合这样的市场。考虑过认亏从此退出市场，但又不甘心之前的亏损，最后决定再来一次来尝试解决自己的疑惑。

第五个阶段：成熟阶段。在经历了上述四个阶段以后，会出现两种结果：第一种是完全失去信心认为自己无法适应市场，最终决定离开；第二种是在经历种种困难以后，开始能渐渐读懂市场，交易情况慢慢好转，信心渐渐增强，最终形成了属于自己的完善操作心态。在进入成熟期以后，投资收益也不断增加。

[作者小结]

大家通过对本章的学习，可以了解原油对国家、家庭及个人生活的重要性，了解国际原油的发展史，了解国际石油组织在石油市场发展过程中的重要作用，了解主要产油国，了解原油价格波动受哪些因素的影响，等等。

更重要的是原油的大跌，让我们看到石油的投资机会，特别是在黄金、白银波动小、操作难度大，股市正式进入熊市的情况下，原油投资成为一种不错的选择。

现货原油投资因波动大、双向交易、保证金低、资金安全、资金利用率高等优势，受到广大投资者的青睐。我们在下一章将具体介绍如何投资现货原油。

投资格言

频繁交易（每天或者每个星期操作），是失败者的玩法，不会取得太大的成功。操作股票获利的时机有许多，但有些时候，应该缩手不动，绝不操作。当市场缺乏大好机会，经常休息和度假是很明智的选择。因为在纷纭的市场中，有时退居场边当个旁观者，可以比日复一日不断观察小波动，更能看清重大的变化。

——杰西·利弗莫尔

上篇

投资理念

第二章 如何投资现货原油

通过上一章的学习，我们对现货原油有了一个全面清晰的认识。本章我们主要学习如何投资现货原油，涉及交易平台的选择、开户交易、控制风险、止损止赢，以及入市之前的准备工作等。

作者导读

通过对上一章的学习，我们对现货原油有了一个比较全面清晰的认识。本章我们主要学习如何投资现货原油，涉及交易平台的选择、开户交易、控制风险、止损止赢，以及入市之前的准备工作等。

大家在本章学习当中最应注意的是：

一、要清楚原油投资的风险及如何控制风险，我们的赚大赔小交易模型能帮我们解决。

二、要注意资金安全。大家在选择石油投资平台时一定要选择正规合法的平台、资金安全的平台。

三、交易方法。在投资原油之前一定要有一套属于自己的方法，这样操作起来才会得心应手，而我们的赚大赔小交易模型，大家可以参考学习。

投资格言

市场投机者试图对股价的短期波动进行预测，希望获取快速的利润。极少有人能以这种方式赚钱。实际上，任何人如果能够连续地预测市场，他或她的名字早就列入世界首富排行榜，排在亿万富翁华伦·巴菲特和比尔·盖茨之上。

——彼得·林奇

注：本章的部分内容摘自互联网。

第一节　现货原油的定义及交易特点

“现货原油”这个名词对大部分人都不陌生，那么现货原油的具体定义及其能够迅速在国内火热的原因是什么呢？本节就为大家详细介绍。

一、现货原油的定义

现货原油是指在长期原油买卖合同之外临时交易的原油，确切地说是指：

1. 产油国在长期原油购买合同之外卖给购油商的原油；
2. 国际大石油公司库存的原油倒流到市场的原油。

通常所说的现货原油主要是指第二种情况的原油，这部分倒流出来的原油投机性很大，同时这部分原油的动向从某种程度上来说，反映了主要石油消费国供求关系的变动。现货原油的交易量大约相当于产油国与石油公司之间按长期购油合同交易量的10%。由于这部分交易数量较小，所以也比较容易反映世界原油的供求状况。

同时，现货原油之所以能够迅速在国内火热，与它本身所具有的优点是分不开的。与现货白银等类型相比，现货原油具有交易量更大、前景更好等诸多优势。

二、现货原油的交易特点

现货原油交易相比其他的投资产品有如下的特点：

1. 现货原油交易及时。22 小时连续交易、无须等待，随时平仓，资金即时到账。

2. 现货原油交易双向操作。既可以买涨，也可以买跌。既可以同时买也可以同时卖。因此无论价格是涨是跌，投资者始终有获利的机会。

3. 保证金交易。有一定的杠杆比例，让你有以小博大的机会。

4. 现货原油无人操控。原油投资不像投资股票还要选股，原油就只有买入卖出并且双向获利，不存在人为操控，甚至国家也无法操纵。

5. 风险控制。原油价格的上涨下跌是受市场供求影响的，所以改变原油价格大的运行方向比较困难，且交易系统设有止损、止赢、限价的功能，让你无时间看盘时也不忧愁，达到你的理想值自动帮你建仓、平单，把风险控制在可接受的范围。

第二节　投资现货原油的优点有哪些

石油作为大宗商品之王，无论是投资领域还是经济领域，一直都是全球各国的“宠儿”。目前做现货石油投资也是非常流行的事情，这与现货石油投资自身的优点是分不开的。

随着石油投资的愈加流行，还有国家政策的放开，国内现货石油投资也是日趋完善。当投身现货石油市场的投资者越来越多时，人们不禁会问现货石油投资到底怎么样？在此，笔者就向大家介绍一下现货石油投资的优点。

一、交易灵活，资金利用率高

股票是国内投资者最为熟悉的投资品种，但就目前的股市来看，股票让人有一种食之无味、弃之可惜的感觉。A 股从 2009 年开始就一直处在熊市的轨道中，结合 A 股特有的单边交易模式，让投资者的入场参与机会少之又少，而且也加大了投资风险，而石油投资的双向交易模式的优势也就很好地体现出来。

石油投资相对于股票来说最大的优势莫过于资金利用效率。石油投资都是采用保证金交易，相对于股票的全额交易来说，这很好地提高了资金的利用效率。石油投资是实行当天交易机制，便于投资者随时把握石油行情和规避风险，操作灵活性很强。

二、有完善的市场机制

对于想要投身于石油市场的投资者来说，最应该关注的莫过于石油行情。与石油投资关联很大的期货投资相比，国内期货投资品种主要集中于农产品与工业原料的期货合约，农产品投资受季节性影响较大，且交易连续性不足，然而石油属于国际能源交易品种，交易活跃，连续性强；国内期货投资主力操纵严重，容易出现单个庄家控盘的恶劣局面，然而石油投资的国际供求量巨大，根本没有如此资金实力的集团控制，所以石油市场行情走势较为合理且易于把握；期货交易时间主要集中于白天的工作时间，石油投资的交易主要集中于欧美国家，所以其交易活跃时间段主要集中于晚上8：00—11：00，很好地错开了上班时间，更有利于操作。

三、有不可替代的套期保值

石油投资与贵金属投资有着千丝万缕的联系，对于国际局势、美国经济环境与欧洲债务危机等国际基本面的价格反应基本上都是同向的。但是从两者的基本属性看，贵金属的现实用途主要用于首饰工艺、医疗器械与储藏等，市场对贵金属现货的需求不高，但石油作为工业原料广泛用于各项工业生产、加工，有着国家战略地位，其现货市场需求强于白银，从而投资者对于现货与期货相结合的套期保值需求较大，很好地体现出了石油的优势——套期保值，期现结合。

四、有较大的投资获利空间

将石油投资与前几年投资收益最大的房地产投资对比可以发现，房地产行业从 2006 年开始了一波极佳的投资行情，然而现今市场投资热度有所减弱，而且其中存在的泡沫较大，潜藏一定的风险，此外房地产行业的投资门槛较高，不是一般散户投资者所能介入的，而且房地产投资的回收周期较长，资金回笼较慢。然而原油的价格波动较大，配合其双向交易模式，其投资机会更多，且利用保证金交易，门槛较低，满足了中小投资的投资需求，投资回报周期较短。

综上所述，现货石油与其他投资品种相比是有很多优点的。现货石油行情更加容易把控，不必再为上班无法关注而提心吊胆；不必担心被庄家暗箱操作；投资回报周期短。

第三节　原油投资需要关注哪些数据

原油投资者必须要了解的几大经济数据你知道吗？这些数据的发布都会给原油价格带来一定的波动，了解这些数据有利于你更好地操作现货原油投资。

1. 美国IBD消费者信心指数

发布时间：每月第一周周二晚上22：00

IBD消费者信心指数是《投资者商业日报》调查得到的消费者信心指数值。IBD是《投资者商业日报》的英文缩写（Investors Business Daily）。消费者信心指数是反映消费者信心强弱的指标，综合反映并量化消费者对当前经济形势评价和对经济前景、收入水平、收入预期以及消费心理状态的主观感受，是预测经济走势和消费趋向的一个先行指标，是监测经济周期变化不可缺少的依据。

公布值>预期值=利好美元，利好美元时则可能下挫油价。

2. 美国当周API原油库存（万桶）

发布时间：每周三4：30

美国当周API原油库存测量了每周的美国公司的商业原油库存的桶数变化。库存的数目影响了可以对通货膨胀和其他经济影响力造成影响的成品油的价格。而原油和成品油价格都会对美国这个该产品的重大消费国经济产生重要影响。

公布值 < 预期 = 利好原油价格。

3. 美国 ADP 就业人数（万人）

发布时间：每月的第一个周三晚 20：15

ADP 全美就业报告由 ADP 赞助，Macroeconomic Advisers 公司负责制定和维护。本报告采集自约 50 万家匿名美国企业，是美国就业情况的反映。就业数据是消费者支出的领先指标，占总体经济活动中的大部分。比劳工部公布的官方非农就业数据提前两天公布，被看作是非农数据的先行指标。

公布值 > 预期值 = 利好美国经济及美元。

4. 美国当周 EIA 原油库存

发布时间：每周三晚 22：00

美国当周 EIA 原油库存，反映过去一周商业公司原油库存的变化。这是一个美国指标，库存的增减会影响到原油价格，进而对加元产生影响，因加拿大原油出口占经济比重大。

公布值 < 预期 = 利好原油价格，也利好加元。

5. OPEC 公布的原油产量

发布时间：每周三晚 22：30

在供给层面，投资者应关注 OPEC 公布的原油产量。

公布值 > 预期值 = 利空原油价格。

6. 当周初请失业金人数

发布时间：每周四晚 20：30

初请失业金人数是反映美国国内劳动力市场状况的指标之一，统计的是第一次申请领取失业金的人数。失业人数大幅增加，美国政府的财政压力也就随之增大，对美元不利。

公布值 > 预期值 = 利空美元，利多原油价格。

7. 美国国内生产总值 GDP

发布时间：每季度末的某日，北京时间 21：30

GDP 是指美国在一定时期内其境内生产的全部最终产品和服务的总值，反映国家总体经济形势的好坏，与经济增长密切相关，主要由消费、私人投资、政府支出、净出口额四部分组成。

美国 GDP 提高，公布值 > 预期 = 美国的经济发展好，表现为利好美元，那么原油的价格就会下跌，两者是负相关关系。

8. 消费者物价指数年率 CPI

发布时间：每月公布两次，一次是在月初，一次是在月末

消费物价指数主要反映消费者支付商品或劳务的价格变化情况，即通货膨胀水平的变化情况。如果 CPI 大幅度上升，从短期看，有助于利率上升，从而支持汇价坚挺；从长期看，实质上是通货贬值。该指标是最重要的通货膨胀指标，通常会影响金融市场走势。

公布值 > 预期 = 有通货膨胀的压力，此时中央银行可能藉由调高利率来加以控制，对美元来说是利多，对原油价格是利空。

9. 生产者物价指数 PPI

发布时间：每月第二个周五的 21：30

生产者物价指数主要衡量各种商品在不同生产阶段的价格变化的情形。一般将食品和能源价格的变化剔除，从而形成“核心生产

者物价指数”，进一步观察通货膨胀率变化趋势。当生产者物价指数增幅很大而且持续加速上升时，该国央行相应的反应是采取加息对策阻止通货膨胀快速上涨，则该国货币升值的可能性增大。

PPI与原油基本正相关，如果它过高就会导致物价飞涨，居民消费指数下跌，银行利率降低，再就是本币贬值，因此意味着美元贬值，原油价就会升值。

10. 联邦基金基准利率

发布时间：不定时

联邦基金基准利率是指美国同业拆借市场的利率，是一家存托机构利用手上的资金向另一家存托机构借出隔夜贷款利率，是美国最重要的利率。美联储瞄准并调节同业拆借利率就能直接影响商业银行的资金成本，并且将同业拆借市场的资金余缺传递给工商企业，进而影响消费、投资和国民经济。

加息则利好美元，利空原油价格。

11. 失业率

发布时间：每月第一个周五21：30

失业率是美国就业报告中的另外一个项目，是指一定时期全部就业人口中有工作意愿而仍未有工作的劳动力数字，可以判断一定时期内全部劳动人口的就业情况。失业率被视为一个反映整体经济状况的指标，而它又是每个月最先发表的经济数据，所以交易员与研究者们喜欢利用失业率指标，来对工业生产、个人收入甚至新房屋兴建等其他相关的指标进行预测。

失业率高，则经济预期不好，美元贬值，从而利多原油价格。

12. 非农就业人数变化

发布时间：每月第一个周五21：30

每月非农就业人数变化也是就业报告中的一个项目，该项目主要统计从事农业生产以外的职位变化情形。数字减少便代表企业降低生产，经济步入萧条。当社会经济发展较快时，消费自然随之而增加，消费性以及服务性行业的职位也就增多。

非农就业人口多了，人们消费就多，通胀压力大，需要加息抑制通胀压力，美元有上涨预期，原油价格下跌；失业率高了，通胀压力小，美国政府会通过减息刺激经济，有减息预期，美元下跌，原油上涨。两者是负相关关系。

第四节　非农如何影响原油

什么是非农？非农对原油有什么影响？依据非农数据进行原油交易的基本原则有哪些？这些都是投资者需要熟知的。做过原油投资的人都知道，非农对于原油价格走势的影响是巨大的，数据发布前后原油价格经常会出现大幅度的波动。投资者想要更好地在投资中获利，就必须对非农有一个透彻的认知。

一、什么是非农

非农指的就是非农业就业人口的数值。美国作为世界最大的经济强国，它的非农数值更有影响力，所以我们指的非农通常就是美国的数值。

非农业就业人口包括制造业和服务业的就业人口，侧面反映了该国当前经济的发展水平，因为制造业和服务业分别作为第二和第三产业，其就业人口的多少直接反映了该国的经济水平。若其数值变小，则代表该国企业生产力下降，经济步入萧条，人民消费水平降低，市场陷入高度敏感时期。当该数值增大时，表明社会经济良好，企业生产力高，人民消费能力增强，市场开始高度活跃。

二、非农对原油有什么影响

美国非农数据是跟其失业率数据一起发布的，两个数据交相辉映，往往会达到事半功倍的效果。美国非农数据与该国经济发展程度及消费市场关系密切。非农数据的数值增大，则表明美国经济走好，利好美元，而利空原油；非农数据的数值减小，则表明美国经济陷入低迷，自然是利空美元，利多原油。

非农数据有前值、预测值和实际公布值三项数值，前值是我们已知的上月份发布的实际数值，这是此次数据的一个基础。预测值是市场在这个基础上，根据美国一个月以来的经济数据来推测其经济发展情况的好坏，来对之后的非农数据进行一个数值上的预测，预测值代表的是市场的期望。因此，我们要想通过实际公布值来判断市场的反应，就要对比实际公布值与预测数值的差距如何，由此进一步判断原油的价格走势。简单来说，实际公布数值大于预测数值时，利空原油；实际公布数值小于预测数值时，利多原油。

三、依据非农数据进行原油交易的三项基本原则

根据上面的分析，依据非农数据进行原油交易时可以把握三项原则：

1. 数据公布后重点把握市场的反应和投资者的情绪变化，根据

市场波动顺势而为，不宜生搬硬套所谓的“规律”。稳健者在数据公布前后谨慎操作，多看少动，务必做好止损。激进者可在数据公布后顺势而为或者在数据公布前提前下单，但需要较强的行情把握能力，同样需要风险管理和控制。

2. 不宜过分迷信非农数据，把握不同时段内影响原油价格的多种因素，尤其是影响原油的主导因素，在数据公布后结合其他数据和事件，结合股市商品反响等来综合分析原油趋势。

3. 技术面分析的重要作用不可忽视。任何消息均会在技术趋势中得到印证。技术分析的作用在于提前揭示和预警未来的走势，消息面的非农公布之后只是对该走势给予印证或者佐证。在数据公布前，可采用原油分割、波浪理论、月 K 线等多种手段，对原油走势的中长期走势做一个大致研判，毕竟非农不能决定原油的大趋势，它只会令市场出现短暂的较大波动。

综上所述，非农对于原油价格走势的影响是巨大的。在数据发布之前，市场就其预期开始进行预热，当数据发布之后，如果实际数据远远大于预测值，那么原油价格就会加速下跌。因此，投资者要知道这种经济数据对现货原油的走势影响，在其数据公布之前做好准备，才能从容获利。

第五节　美联储加息对原油价格有何影响

美联储加息是什么意思？美联储加息会对原油产生何种影响？国际原油交易是以美元计价的，美元对原油价格的影响远远高于其他货币。美联储加息对于美元来说肯定是利好的，对于原油就是利空的。美联储加息增加了投资投机成本，可能压制各类投资，这样也可能给原油带来不利影响。

一、美联储加息是什么意思

首先，大家要明白美联储加息的依据，是美国的经济情况，其中比较重要的一点就是美国的市场就业情况。美联储会根据一段时间内的美国经济情况是否达到一个比较理想且稳定的状态，来考虑是否加息。美联储决定了加息之后，再去决定加息的时间以及利率将会提升多少的问题。

二、美联储加息会对原油产生何种影响

短期肯定是利空，其实不管是原油还是其他大宗商品，美指强

势会带来下行压力；但是决定原油中长期走势的还是经济基本面和供需变化。从中长期来看，加息反而会对原油构成支撑，加息的本意是基于经济过热，要抑制潜在的通胀出现恶性变化，而通胀和经济过热是支撑油价上涨的。

美联储加息对于美元来说肯定是利好的，对于原油就是利空的，但是影响程度还不得而知，具体还需要根据全球原油的供求关系以及国际避险政策共同决定。

总的来讲，美联储加息意味着美元贬值。美元贬值会从三个方面促成原油价格的上涨：

一是美元贬值会让原油生产国或者输出国的购买力下降。原油价格以美元标价，原油生产国出售原油获得美元，再用美元兑换成其他国家的货币购买另外国家的商品，由于美元贬值，原油生产国的购买力下降，从这个角度来看，生产国为弥补购买力受损有提价的需求。

二是美元贬值会使一些石油购买国家如欧洲、日本的购买力上升，因为用欧元、日元计价的原油价格变得相对便宜；而美元贬值对美国以及其他和美元汇率绑定国家的原油购买力没有影响，所以从全球市场上来看，美元贬值会提振全球原油的需求。

三是美元贬值本身对应的就是全球经济的向好。特别是过去 10 年新兴市场的高速发展，对原油的需求处于旺盛状态，原油价格有上涨的必要性。

第六节　美国经济数据怎样影响原油价格

原油价格的升跌主要由国际政治经济事件和原油本身供求关系决定。美国作为全球第一大经济体，市场机制较为健全，经济实力较为雄厚，在世界市场中有举足轻重的地位。美国经济数据作为其经济状况的指标，其变化以及好坏程度对原油价格都有重要影响。

一、原油属于大宗产品，其价格以美元进行计价结算。

二、美国经济数据好，则吸引更多资金流向美元资本市场，进而从原油市场流出；反之，美国经济数据差，则更多资金流出美元资本市场，部分资金流向原油市场。

三、原油价格涨与跌与美国经济的好与坏，在短时间内不存在必然关系。此外，一些意外因素会在某一段时间内左右原油价格。例如：原油减产，原油储备下降国家收购原油，美元突然成为避险货币，全球资金会涌向美元，造成美元价格上涨，原油价格下跌，但这并不意味着美国经济向下掉头。

四、国际石油贸易以美元计价，石油市场与外汇市场的投机行为密切联系。美元汇率与石油价格深度联动，两者价格呈反向变动关系。根据美国联邦储备银行的研究，美元对其他石油消费国货币每贬值10%，以美元计价的国际油价就会上涨7.5%。二者总体呈负相关，当美元指数下跌时，国际油价上升。

美国经济数据直接影响的是美元指数的走势与美联储货币政策预期。首先，原油是美元计价的，所以美元走强，原油价格相应地会走低。其次，原油和美国的库存有反比关系。原油价格与美国经济数据一定程度上呈反比关系。

第七节 EIA原油库存与原油的关系

做原油投资，几乎没有人不知道美国EIA原油库存数据，那么如何解读EIA原油库存与原油的关系？想必是每位投资者都很关心的问题。美国EIA原油库存数据由美国能源信息署（EIA）每周三定期发布，该数据测量了每周美国公司的商业原油库存的变化，而库存的数目影响了可以对通货膨胀和其他经济因素造成影响的原油价格。若库存水平低于预期，利多原油；若库存水平高于预期，利空原油。

一、什么是EIA原油库存

EIA原油库存是美国的能源数据及分析预测的主要信息来源。根据美国法律规定，EIA原油库存只进行独立的信息报道，不受政府的影响。通常所说的EIA报告指的是每周的原油库存数据，它被誉为美油市场的风向标，被市场交易员和国际权威能源咨询机构广泛采用。该数据一般每周公布一次，发布时间为北京时间每周三晚22：30（冬令时23：30）。

二、影响 EIA 原油库存的因素

1. 美国战略石油储备变化。美国石油库存包括商业库存和战略库存两部分。商业库存基本受市场供需关系影响，而战略库存还需要考虑到地缘政治、军事行动等非市场因素的影响。无论哪一部分库存发生变化，都会对 EIA 数据产生直接影响。

2. 金融货币竞争的影响。全球金融货币竞争带动原油资源与价格的激烈竞争。国际金融较量面临着经济、贸易、军事与政治复杂化的背景与条件，而焦点就集中于原油策略与原油价格。

3. 美元政策的变化。美元的特殊地位使得美国可以掌控石油价格变数。美国借助美元定价机制以及机构交易力量，影响着石油库存乃至原油价格的走势。

4. 美国的政治需求。美国政治走势，尤其是大选，都会对美国石油策略产生影响，从而对 EIA 也产生影响。例如，小布什当政时就曾被指利用美国战略原油储备操纵油价，表现为缓慢提高战略原油储备，以缓解油价上涨造成的民众积怨。

三、EIA 原油库存与原油价格的关系

一般认为，如果 EIA 原油库存数据增加，则表明市场供过于求，市场消费动力不足，无法消化过剩的原油，这将使得油价下跌。如果 EIA 原油库存数据减少，则说明市场对原油需求旺盛，推动了生产，从而导致原油价格上升。根据近 30 年来的数据显示，EIA 库存与原油价格基本呈反比的关系，大体符合以上推论。

第八节　消息面对原油价格的影响

消息面对原油价格的影响是不可忽视的。作为原油投资者，你必须时刻关注消息面的信息，从而把握原油价格变化的先机。首先，我们应该关注国际上重要的组织机构官员的讲话；其次，需要关注美元汇率的变化；最后，需要关注重要产油地区的政治局势变化，这样才能给我们的原油投资添一份保障。

在所有官员讲话中，要数美联储主席的讲话对市场的影响最大。尽管他总是使用模棱两可的发言方式，但每当其讲话的时刻，全球原油交易投资者都在倾听他的话语，并努力分析其讲话内容中的深层含义。美国官员中另一个重要人物是财政部长，美国的货币政策通常都是由财政部长口中讲出。欧盟官员的讲话通常很少能够得到市场的认可，也许是市场早已听惯欧盟官员对经济前景的良好祝愿，反倒是他们讲话中的悲观情绪更能引起市场的共鸣。

很多时候，汇市的波动对原油价格影响是非常大的。当美元汇率大涨大跌时，常常会带动原油价格的下跌和上涨。欧元的上涨也会带动原油价格的上涨。一般来说，美元涨，原油价格跌；美元跌，原油价格涨。不排除二者同步的情况，但这样的情况非常少，如果出现这样的情况，原油投资者需要认真分析，慎重考虑。

一般而言，当美国经济增长速度放缓、出现衰退迹象时，美元汇率下跌，原油价格可望上扬。反之，美元汇率回升，原油价格将会下跌。这是因为美元汇率的下跌往往与通货膨胀有关，致使市场投机性需求增加。1971 年 8 月和 1973 年 2 月，美国政府曾两次宣布美元贬值，正是在美元汇率大幅度下跌以及通货膨胀等因素的作用下。

在历史上，原油投资被认为是一种防止战乱、防范自然灾害的保险形式。

国际社会政治动荡、战争持续不断，终将会影响原油生产量并造成原油供给减少，促使原油价格上扬。当然也有因政局不稳，使大批投资者抛弃其他投资工具而转向原油的投资保值，从而扩大了需求刺激，导致原油价格的持续上升。例如第二次世界大战、1977—1978 年的中东战争、1979 年的伊朗革命、1980 年的阿富汗战争、1986 年的伊朗门事件以及美国总统里根遇刺、海湾战争，特别是2001 年 9 月 11 日在美国发生的恐怖事件及以后美国发动对阿富汗塔里班的战争，都曾使原油价格在短时期内急剧上涨。

原油价格的变化是受多方面因素影响的，我们在掌握了消息面的基本信息后，也不可掉以轻心，仍需结合技术面来分析，这样才能提高我们原油投资的成功概率。

第九节　投身原油投资市场的注意事项

随着原油投资市场在国内的逐步发展和完善，原油投资也越来越深入人心，以至于不少原来的股票、期货、外盘等投资者转投原油投资市场，这足以说明原油投资的魅力。但是我们不能只看到这些表面的风光，还应该了解投身原油投资市场的一些注意事项。这里为大家详细介绍一下。

一、选择适合自己的原油投资平台

那么，如何选择适合自己的原油投资平台呢？个人原油投资者通常是经交易所旗下会员公司的个人业务进行开户的。投资者要选择正规的平台开户，这样可以获得较好的行情分析支持，保证资金的安全。

二、制定适合自己的原油投资计划

开户后，原油投资者可通过会员公司提供的行情分析软件和交易平台对所投资的品种加以了解和熟悉；还可以与提供交易服务的专业机构进行接触，与投资经理面对面沟通，了解相关的投资理念和投资技巧。同时，自己通过原油行情软件跟踪原油价格，了解市场原油价格波动特点，了解每天涨跌幅规律，结合自身的原油投资习惯和风险偏好，制定一套自己的投资模式，比如交易的周期和频率，喜欢做波段中线行情还是日内的短线搏杀，不同的投资策略还要配套不同的投资分析和交易计划。

三、了解原油投资的基本知识和影响原油价格的基本因素

了解原油投资的基本知识和影响原油价格的基本因素，如同选股要先了解公司的基本面一样，原油投资前有必要对原油投资背景进行了解，给自己找到投资原油的市场理由。我们可以对原油基础知识进行初步学习，特别是对原油市场的组成、原油价格的形成和影响因素加以了解，这样有助于我们今后投资原油时具备相应的知识体系，关注到相关的基本面因素和资讯，帮助我们进行分析和交易决策。

四、进行模拟交易，学习保证金交易，熟练运用交易工具

开立原油投资交易账户后，不要急于入金操作，应该给自己一个循序渐进、适应和学习的过程，利用平台提供的模拟交易软件，以真实交易的心态进行模拟交易，摸索保证金交易实战中遇到的技

术技巧和心理问题，主要目标是形成个人的操作策略与风格。当你的获利概率日益提高、获利额逐渐提升时，就表示你可以开始真实的原油投资交易了。

第十节 现货原油投资的误区

投资现货原油不能靠运气，要靠技巧和分析。资深的原油投资者经验丰富，熟练地掌握交易技巧，所以在原油交易中，很容易成功；但是对于一些经验不足的新手来说，想成功并没有那么容易，因为新手很容易走入误区，这样会影响投资决策，进而错过成功的机会。

误区一：投资一定会赚钱

金钱不是万能的，但是生活中不能缺少金钱，正是由于人们对金钱有强烈的欲望，所以极易导致投资者盲目追求，进而掉入不法分子的陷阱。要知道，高收益的投资会伴随着高风险，任何一项投资都不可能存在“绝对保障”的前提。

误区二：有多少投资多少

应急准备金是用于应对危机状况的资金，也是保障个人和家庭生活正常运转的前提。而有些人却不注重这一层保障，竟然将应急准备金都拿来搞投资，简直是在“金钱赌博”中迷失了心智，而一旦遭遇严重亏损，投资者的生活平衡就会被打破。

误区三：谁挣钱跟谁

这也是投资中最忌讳的事情。在没有确切证据的情况下不要轻易相信他人所传的小道消息，不仅因为“三人成虎”，信息在人群传播的过程中容易丧失其原本的真实性，更是因为这样做反而更容易中了幕后操控手的恶意圈套而使自己钱财散尽。同时，现货原油投资者要经得住诱惑，看见别人炒原油挣得盆满钵满自己也跟风投资，最后却是“一输千里”的结局。

误区四：孤注一掷

“不把鸡蛋放在一个篮子里”，这句话可以说是耳熟能详，不过又有多少人能够真正做到？有些人为了确保稳妥，于是把钱全部用于低收益的投资理财；有些人想“一夜暴富”，于是就把所有资金押注上。这些都是不明智的投资理财方式。

现货原油投资者在交易中要想获利，就要避免上面的四个误区，掌握投资的技巧，多学习，多总结，这样在投资中才能更好地应对风险。

第十一节　炒现货原油爆仓的原因及防范

现货原油投资者最不愿意看到爆仓情况的出现。有的投资者由于缺乏技术分析能力，再加上不能合理地止损，所以造成了爆仓。引起爆仓的原因有很多，在现货原油交易中，要防范爆仓情况的发生。

炒现货原油爆仓的原因：

1. 不设止损造成亏损扩大化。投资者抱有侥幸心理，期待市场反弹，可结果往往造成进一步亏损，结果被爆仓。

2. 仓位太重，属于过度交易范畴，这是爆仓的主要原因。

3. 逆市投资，惨被市场教训。投资者逆市而为，幻想价格大逆转，因而被市场打爆。

4. 盲目追单。很多原油现货投资者盲目地跟从喊单人进行操作，没有自己的主见，最主要的是不能够把握好入场点位。

5. 过度交易导致错失投资良机。投资者急于翻盘，反复交易，结果越错越多，仓位损失惨重，最终被爆仓。

现货原油投资者要预防爆仓情况的发生：

1. 入场前判断市场趋势，观察是否有 K 线形态支撑；

2. 入场前观察仓位，考虑持仓仓位，考虑止盈止损位置；

3. 入场后严格止损；

4. 坚决不在平仓后反手操作，坚决不在巨额盈利后再次入场操作。

第十二节　原油投资平台怎么选择

在原油投资过程中，资金安全是很重要的。这其中的关键就是选择一个好的原油投资平台，一个好的原油投资平台应该以服务投资者为目的，而不是误导投资者。

对于每个原油投资者来说，选择一个正规的原油投资平台是安全进行原油投资最基本的保证。市场上有很多不正规的平台存在，原油投资者要学会如何选择一家好的原油投资平台，这是在原油投资市场上盈利的根本。那么，原油投资者该如何选择原油投资平台呢？

我们在选择原油投资平台的时候可以参考以下标准：

一、资金运作是否安全

原油投资的行情应该是与国际原油同步的，填补亚、欧、美的原油交易市场的空档，这样原油价格的整合，才能使全球市场连贯起来。此外，消费者的成交价格应该有单可循，资金动向安全透明。

二、交易软件是否安全

对于投资原油交易系统软件，投资者可以自行登录各原油投资平台官网下载。一般正规的平台均有模拟盘，方便投资者进行模拟操作。要考察其交易软件是否存在恶意操纵价格，控制客户出入金甚至乱动用客户资金的违法行为。规范的交易软件应通过国家对信息系统安全等级保护的认证，公开透明，客户可以透明操作，不受外力影响。同时，交易系统是封闭的系统，禁止任何未经授权的第三方系统接入。

三、是否存在代客理财的行为

经纪人代替原油投资者进行投资理财，掌控着客户的资金，随意操作，这对原油投资者来说非常不利，还很可能收取投资者各种高昂手续费、延时费等。同时自己原油资金账户的资金也不安全。

四、是否存在经纪人与客户分红的情况

正规的原油投资平台都是不允许经纪人和客户进行利润分成的，不管原油投资者赚了多少，经纪人都不能拿分红，经纪人只有责任给原油投资者提供操作建议和服务，除此之外没有任何其

他的关系。

以上就是选择一个正规的原油投资平台的标准。原油投资者一定要避免在那些不正规的平台开户，选择了一个好的平台才能安全放心地操作。

第十三节　如何在网上开户交易

随着国际金融市场的改革，很多的投资品种已经逐渐国际化，其中，原油投资凭借其入市门槛低、交易时间灵活、风险可控等优势，逐渐成为最受投资者欢迎的国际投资品种。原油投资者可以选择在国内一些正规平台的网站上在线开户。下面向大家介绍原油投资者怎么在网上开户。

一、原油投资开户平台怎么选择

投资者想进行原油投资交易，首先要做的第一步就是选择一个专业正规的原油交易平台开户，然后才能入市操作。目前国内的原油投资平台比较多，而且有很多不正规的平台，一般正规的平台都是原油交易所的会员单位，投资者在选择的时候要仔细查看原油投资平台的资历，了解平台是否正规、是否稳定、有没有乱收费等。

二、原油投资网上开户的具体步骤

1. 原油投资者可以选择在正规的原油投资平台网站上在线开户。

2. 原油投资者办理开户手续时需要提交的资料：

（1）个人投资者：身份证明、投资者在资金存管银行开立的借记卡账号及开通个人网上银行。

（2）机构投资者：营业执照副本、组织机构代码证、税务登记证、法人身份证证明、开户办理人身份证明、法人签署的开户授权书、投资者在资金存管银行开立的结算账户。

3. 相关文本包括：《开户申请书》《原油投资风险揭示书》。

4. 资料递交完成，要等待审核，审核通过，说明开户成功，原油交易所会按照统一的编码规则进行编号，为投资者开立交易账户。

5. 登录原油投资资金存管银行的网上银行，在对应银行菜单下选择在线签约，将原油投资账户与银行卡进行绑定。

6. 投资者在原油投资平台官方网站下载并安装原油行情软件和原油交易软件，登录原油电子交易平台，修改初始密码。

7. 在原油交易客户端选择签约银行，进行入金。

8. 所有程序完成，投资者可以在原油投资市场交易。

附录二

投资者必备的五大心理素质

下面的五点，看似很空，但是做到的人却很少，只有真正做到的人，才能成为投资市场的王者。最近的行情提醒我们要敬畏市场，不断反思，只有自己的综合素质提高了，才能应对市场的变换，最终从中获利。

一、价值观

到底怎样才能在原油投资市场中长久、稳定地获利呢？——这是绝大部分交易者急欲知道的答案。非常抱歉，真正的答案可能会令绝大多数人失望。因为，如果想要在市场中赚钱，就必须改变自己的“价值观”。简言之，就是改正你对金钱的看法。所有初入市场的新手的目标都只有一个：“赚钱”，这是最基本的要求。基于人性需求，这个基本要求会继续发展成——“发财”，因为赚钱的意义太模糊，每个月从市场中获利三千块是赚，获利三十万也是赚，赚一点点小钱有什么用，当然要赚大钱，然而，如果十年之后才能发财的话，嫌太迟，所以，还要进一步要求“迅速致富”。这种对金钱的欲望往往会让自己在投资中失去的自律，最终导致投资失败。

在现货市场，交易者成功的不二法门不外乎两种：一是非常幸运；二是非常自律。不过这当中，非常幸运的人少之又少，运气是最靠不住的东西。因此，所谓的成功交易者，绝大多数都是高度自律的。“纪律”一词，有许多含义。有纪律的交易者，不光只是遵循他自己的一套交易系统，更重要的是必须事先理解这些规则确实具备克敌制胜的效果。纪律是一套严谨的架构，包含必要的技巧和心理素质，比如自制力、一致性、组织力、持续力、管理监督能力、洞察力以及行动。凡此都是所有交易者冀望培养的技巧。遗憾的是，这些技巧和特质非一蹴可就，成功绝无捷径。对于一位专业交易人士来说，最不可原谅的，就是没有纪律，随意更改自己的交易策略。

二、自我认知

在现货市场中，交易策略与风险管理缺一不可。如果交易者仅仅专注于行情涨跌的研判，那么即便是水平很高，也仍然摆脱不了失败的可能，并总是处于成功的边缘。正因为如此，我们才要“认识自我”。首先，冒险是必要的。事实上，很多人不曾仔细思考，生活中其实充满着许多需要承担的风险，风险本来就是生命的一部分。我们今天所谓的“博彩”“投机”，早在远古时代，当老祖宗们在面对大自然众多敌人，如野兽、天气等时，就已经存在了。对于生活中这些风险和不确定因素，我们常常茫然无所知。但事实上，我们正是靠着承担风险才能生存下去。当你的交易表现亮丽，且自觉是个市场赢家，学到的东西事实上是很有限的。只有当你持续赔钱，而别人也在质疑你的分析能力时，你才会了解自己是否真正具备在现货市场中生存的能力。更清晰地认识自己，适当地修正个人心态，调整好你跟市场的关系，就是最有效的投资利器。

三、心理资本

优秀的交易者会忘记他们做单的目的是为了赚钱，他们只是专心一致地发挥交易系统的作用，赚钱不过是步骤正确所衍生的副产品。优秀交易者会仔细分析输赢的概率，然后下单，他们专注于当下面临的局势。交易者若一直注意账户上的钱，会使自己分心而无法发挥既定策略。下单时若太在意钱也会降低成功的概率。执行正确的投资规则，钞票自然滚滚而来。金钱，不过是你在这场游戏中，保持记录的唯一方法罢了。所以，你最重要的资本并不是金钱，而是心理资本。心理资本给予你交易赚钱所需的力量，没有了心理资本，即使一时赚了钱，也无法长久地维持或增加金钱资本。健康的身体可以增强心理资本，没有健康就没有财富。心理资本储备得足够与否取决于当你面对个人生活及职场的压力时，是否能妥善调整。你或许会生气、会反击，感觉市场亏欠你，实际上市场并不欠你。你或许会交易过量，或对你身边的人大发雷霆。而这整个过程都与你当初精心规划的交易策略背道而驰。而优秀交易者跟众人的区别，并非在于会否出现焦虑，而是在于能否在数分钟之内恢复平静。所以说，遇到失败算不了什么，重要的是你如何反应。

四、珍惜你的钱

交易者需要努力寻找并计算最大的报酬概率，但人生中唯一可以确定的事是死亡（有些人认为是纳税）；因此，即使你交易的功力达到专业水准，你充其量也只能“预测”投入的钱可能会有什么结果。而无论是赢或输，你都要坚持原定的交易计划。造成错误判断最主要的因素，往往是因为投入超出能力范围的资金。如果过度交易，亏损时间又过长，你可能会在情势逆转为对你有利之前，就提早出场了。交易者若想成功，必须学会控制，懂得分配财务资源。职业投机者会拨出他愿意冒险的资金去投注，换句话说，他投入市场的钱是他认为自己输得起的数目。职业投机者既不会受投入金额多寡的影响，也不会因为出乎预料的短期大量输赢而手软或缩手。

记住交易花的是自己的钱，这点和前一点并不冲突，两者看似相反，其实是一体两面。一旦交易者接连尝到赚钱的甜头，以后再下单时会变得懒散和放松，因为他们觉得这些赚来的钱像是从天而降、不需要成本的，好像是市场的钱，而不是自己的。避免这项错误的要诀在于严格遵守交易系统。当你进行交易时，必须忘记金钱本身，而专注于运用正确的方法和技巧，自然会赚到钱。换句话说，面对获利或亏损时，要记住这是自己的钱、真实可见的钱。珍惜自己的钱，坚持你的交易策略，就可以抗拒冒过度风险的诱惑，也不至于把资金当成市场的钱而掉以轻心。

五、谦卑

谦卑是交易者在市场里最重要的人格特质。我们要先去听懂别人的话，然后才开口说话。如此，才能得到更多资讯，更能做适当的回应。交易也是如此。要成为成功的交易者，必须先学习倾听市场的声音。学会了谦卑，你才可能了解市场、接触市场，并做聪明的回应。那些自以为比市场里所有其他人都聪明的人，认为自己总是幸运者，他们这种看法不会长期保持下去的。在市场面前应时刻谦卑，否则市场会让你知道这种态度会出问题的。要在投机这一行讨生活的人，都必须做好心理建设和保持强硬的态度：输赢变化、价格涨跌可能毫无道理可言，甚至不可理喻，我们必须勇敢迎接挑战，不忧不惧，拥抱风险，没有任何事情可以完全掌握，也没有任何事情是绝对肯定的。

[作者小结]

通过本章的学习，相信大家已经明白了如何投资现货原油及风险控制。

现货原油是从2014年兴起的大宗商品投资交易品种，以市场波动大、资金占用率低、资金安全、盈利快等优势被广大投资者所喜爱。但是我想告诉大家的是现货原油投资的风险也相当大。因此，大家一定要在投资现货原油之前控制好风险，保护好本金。

如何保护好自己的本金，在这个市场中生存呢？那就是我们必须要在自己的交易过程中做到赚大赔小。如何做到赚大赔小？笔者的赚大赔小交易模型可以帮大家解决这个难题。

在第三章和第四章，笔者将给大家介绍“赚大赔小”盈利模型。这也是本书的核心部分，希望大家能学以致用。

投资格言

记住这一点：在你什么都不做的时候，那些觉得自己每天都必须买进卖出的投机者们正在为你的下一次投机打基础，你会从他们的错误中找到赢利的机会。

——杰西·利弗莫尔

下篇 投资实战

第三章
“赚大赔小”的投资策略

“赚大赔小”是我们在这个市场上的生存之本。因此，我们的任何操作方法，都必须以是否能做到“赚大赔小”来衡量其好坏。本章主要是让大家确立“赚大赔小”的投资策略，在此投资理念的指导下，用波段操作的方法找到波段转折点。

作者导读

上一章我们学习了如何投资现货原油。投资就是想赚钱，如何才能赚到钱？就是要树立正确的投资理念。这一章主要给大家介绍“赚大赔小”的投资理念。

赚大赔小是我们在这个市场的生存之本。我们的任何操作方法，都必须以是否能做到“赚大赔小”来衡量其好坏。如果能做到“赚大赔小”，就是好方法，就要坚持使用；如果做不到“赚大赔小”，就不是好方法，就要放弃。

本章主要是让大家确立“赚大赔小”的投资理念，在此投资理念的指导下，用波段操作的方法，找到波段转折点。要找到波段转折点，按转折点的交易信号进出市场，如果交易信号正确，市场提供单边机会，就赚足一个波段；如果交易信号错了，就按信号果断止损，就做到小赔。这样就实现了我们“赚大赔小”的目的，最终实现在市场获利。

希望通过本章的学习，大家可以正确理解：赚大赔小—波段操作—波段转折点—执行交易信号—最终实现盈利。

投资格言

如果你想变富，你需要“思考”，独立思考而不是盲从他人。我认为，富人最大的一项资产就是他们的思考方式与别人不同。

——罗伯特·T. 清崎

第一节　赚大赔小

一、什么是赚大赔小

赚大赔小是一种交易策略或者叫交易理念，就是在你所有的投资交易过程中，如果做错了，必须做到尽量小赔，不要给自己造成大赔或深套，这就是赔小。如果做对了，市场提供了单边机会，必须做到大胆持仓，让利润奔跑，实现利润最大化，这就是大赚。以几次小赔的代价，来搏取一次或几次大赚，最终实现在这个市场获利。

下面我以图示的方式给大家进一步说明什么是赚大赔小。

大家看图3-1，我们在**1**的位置入场建仓多单，在**2**的位置平仓多单，并且入场做空单。然后在**3**的位置止损空单，并且入场做多单，又在**4**的位置止损多单，并且做空单，在**5**的位置止赢空单，并且做多单，然后一直持仓到现在。

在这个过程当中，我们发现在**1-2**之间是赚钱，**2-3**之间是小赔，**3-4**之间也是小赔，**4-5**之间是小赚，**5**位置的多单到现在是

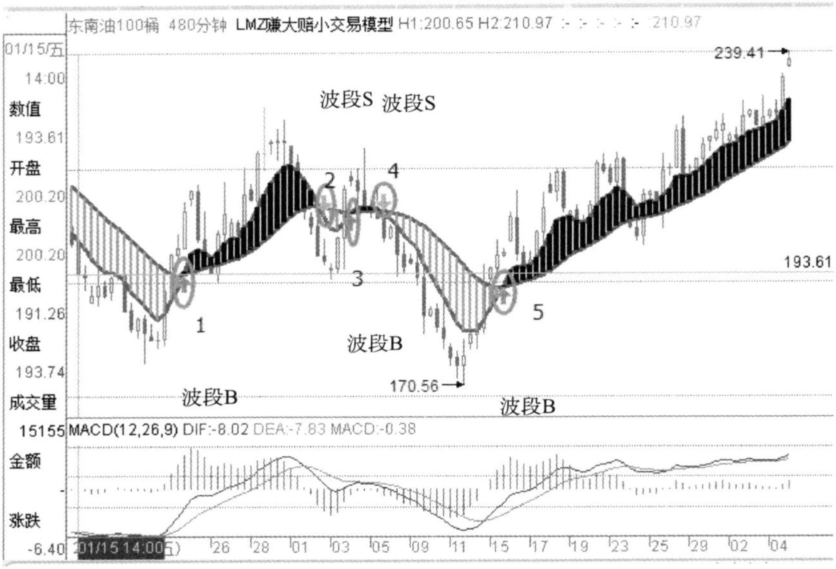

图 3－1 赚大赔小示意图

大赚的。

这说明，在 1－5 的交易过程当中，我们在 1－2 之间进场之后，市场提供了单边机会，我们大胆持仓实现了大赚；在 2－3 和 3－4 之间，我们进场之后，市场没有提供大的单边机会，发现是错的，及时止损，我们做到小赔；在 4－5 和 5 至现在，我们进场之后，市场提供了单边机会，我们实现了大赚。因此，只要我们严格按照赚大赔小交易模型，进行大胆持仓和果断止损止赢，就可以做到赚大赔小。

通过上面的图示分析，我相信大家对“赚大赔小”这个理念有了更为深刻的认识和理解。

二、赚大赔小是在这个市场的生存之本

我们来到这个市场的根本目的是赚钱，而不是赔钱。但是来到这个市场如何才能赚到钱，很多人都没有找到答案。有些人把所有的钱都赔光了，也找不到答案。为什么到这个市场总是赔钱？因为你总是“赔大赚小”。

有的投资者为了在这个市场能赚到钱，请教了很多专业的老师，学习了很多交易方法及技术，加入很多投资交流群，最后发现，自己还是赔钱。

于是大家都在说：**赔钱是因为心态不好，或者没有技术，或者带单的老师不好，等等。**其实，这些都是赔钱的表面现象，而在这个市场赔钱的根本原因，大家都没有找到。那到底赔钱的根本原因是什么呢？**很简单，就是你不能做到赚大赔小。**

我们都知道：在这个市场90%的投资者都是赔大赚小，意思就是做错了是大赔，做对了赚一点就跑了，所以总是赔大赚小，而我们要想真正做到在这个市场赚钱，**就必须做到赚大赔小。**

我们在这个市场总是赔钱的根本原因是：我们总是赔大赚小，而做不到赚大赔小。这才是90%的投资者赔钱的原因。

所以，要想在这个市场生存，你必须得找出一条能帮你实现赚大赔小的方法。只有找到这个方法，坚持使用，你最终才有可能实现赚大赔小，在这个市场盈利。否则，你就算学习再多的方法，也改变不了赔大赚小的命运。

投资提示

1. 确定赚大赔小的投资理念。

2. 不管你找什么方法，最终的目的是实现赚大赔小。

3. 再好的方法，如果不能实现赚大赔小，就不是好方法，就帮你赚不到钱。

4. 以赚大赔小为目标而找到的方法，才是最适合你自己的方法，才是能帮你在这个市场最终盈利的方法。

5. 赚大赔小是一切投资方法的检验标准。

6. 凡是能实现赚大赔小的方法都是值得你坚持一生的方法。

7. 在这个市场没有只赚不赔的方法，只有赚大赔小的方法。

附图

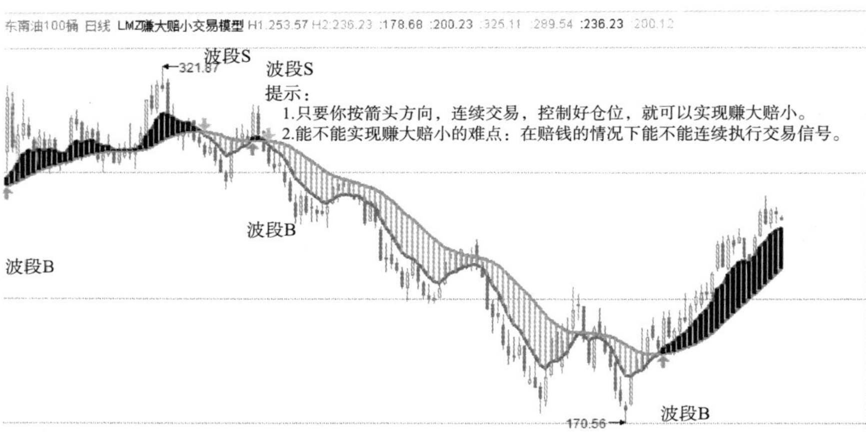

图 3－2 “赚大赔小”路线图

投资格言

优秀的投机家们总是在等待，总是有耐心，等待着市场证实他们的判断。要记住，在市场本身的表现证实你的看法之前，不要完全相信你的判断。

——杰西·利弗莫尔

第二节　波段操作

一、什么是波段

1. 波段就是在一个时间周期里从一个趋势的开始到结束的一个过程。从波段开始时建仓，到波段结束时平仓，这个过程就是波段操作。

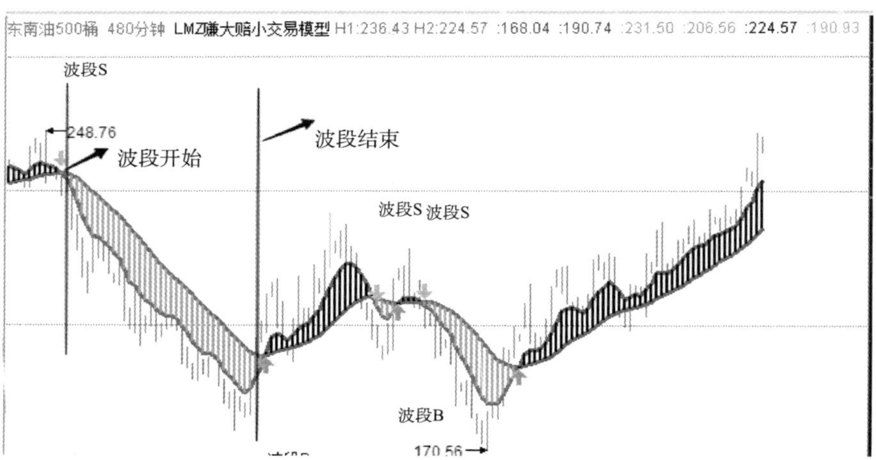

图3-3　什么是波段

2. 波段分为：上涨的波段和下跌的波段。

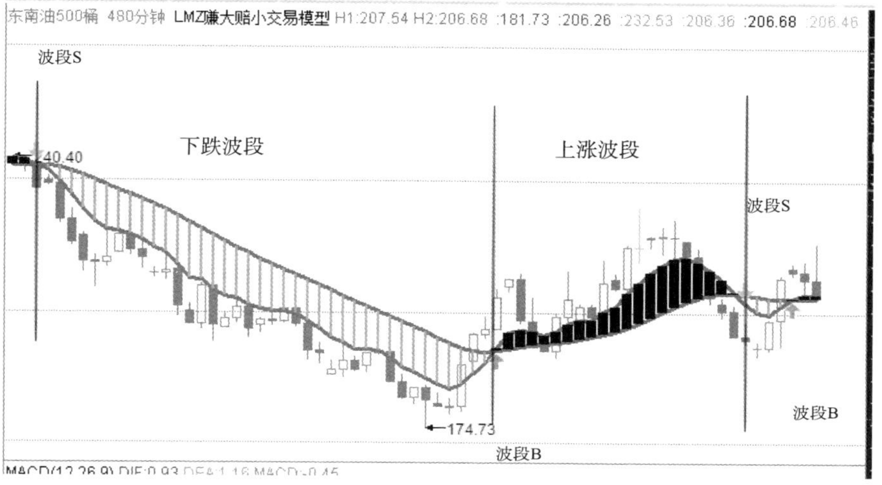

图3-4　上涨波段和下跌波段

二、波段操作是实现赚大赔小的根本

我们知道了，要想在这个市场赚钱，必须要做到赚大赔小。那如何才能做到赚大赔小，这是千千万万的投资者都渴望解决的问题。

通过实践证明，波段操作是实现赚大赔小最简单也是最有效的交易方法。

波段操作有哪些优势呢？

1. 波段的起点建仓，波段的终点平仓，是最安全也是最有效的建仓和平仓方法，它可以解决你无序建仓、平仓的问题。

2. 波段操作下，大波段可以让我们大赚，让利润奔跑；小波段可以让我们小赔，保护好本金。

3. 波段操作，可以避开你短线反复操作，提高成功率及盈利能力。

4. 波段操作，可以帮我们解决建仓、平仓、止赢、止损的点位问题。

因此，波段操作是解决赚大赔小的最好、最简单、最有效的方法，特别适合普通的投资者。

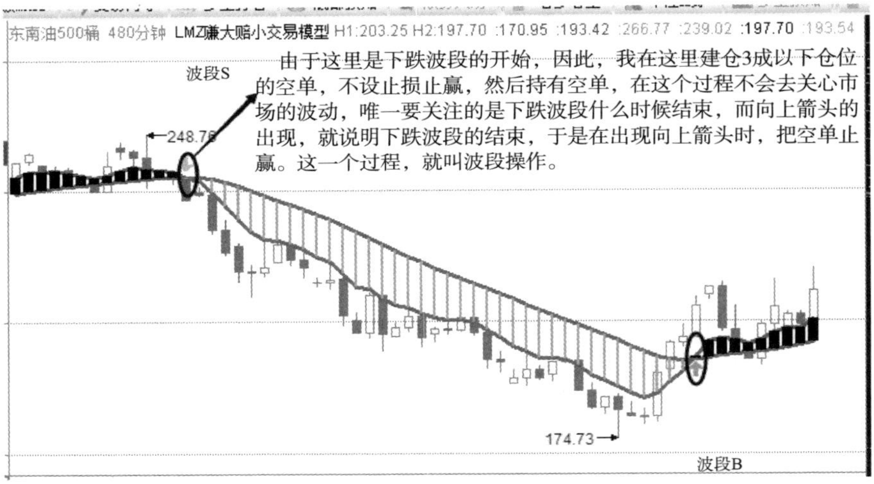

图 3－5　波段操作图解

三、波段操作与赚大赔小的关系

波段操作与赚大赔小是相辅相成的。赚大赔小是操作策略，而波段操作是实现赚大赔小的方法。没有赚大赔小的策略，波段操作也不可能赚钱，但是光有赚大赔小的策略，没有波段操作，也只是空中楼阁，永远也实现不了赚大赔小。

因此，波段操作与赚大赔小的关系是鱼与水的关系，离开了任何一个，我们在这个市场都无法获利。

投资提示

1. 确定理解波段操作的含义。
2. 明确赚大赔小与波段操作的关系。
3. 波段操作的优点在哪里。
4. 大家要考虑用什么方法找到波段起点和终点。
5. 波段操作是最简单、最有效的投资方法。

投资格言

很多时候市场会及时给你准确的暗示，告诉你什么时候应该入场，但是前提是你要有足够的耐心去等待。同样，市场也会给你暗示，告诉你什么时候应该及时离场。“罗马不是一天建成的”，真正重大的趋势不会在一天或一个星期就结束，它走完自身的逻辑过程需要时间。重要的是，市场运动的一个很大部分是发生在整个运动过程的最后 48 小时之内，你要保证这个时候你自己在场内。

——杰西·利弗莫尔

第三节　波段转折点

一、什么是波段转折点

1. 一个波段开始或结束的位置，都是波段转折点。

2. 波段转折点是建仓、平仓、止赢、止损点位，在整个投资过程中，波段转折点是我们建仓、平仓、止赢、止损的操作依据，对我们能否实现赚大赔小起着决定性的作用。

3. 波段转折点有上涨波段转折点和下跌波段转折点。

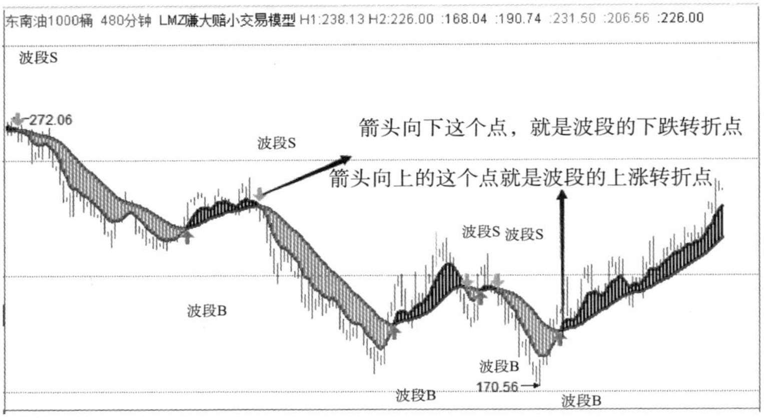

图 3 –6　什么是波段的转折点

因此，在我们整个操作过程中，找准波段转折点对于实现赚大赔小的重要性不言而喻。

二、波段转折点的重要意义

在我们整个赚大赔小交易模型当中，波段转折点帮我们解决了怎么确定买点和卖点，止赢点和止损点，给我们指出了明确的进出场信号和止赢止损信号，使我们的操作变得如此简单：只要在波段发生转折时建仓和平仓、止赢和止损就可以；不需要进行大量的技术分析，也不需要我们听消息，听别人建议，只要去执行转折信号，就可以轻松获利。

从此，我们不再去预测市场涨跌，而转变为寻找波段转折点，去执行波段转折信号。因此，波段操作是我们交易走向成熟的标志。

有了波段转折点后，我们在交易过程中，再也不会出现不知道在什么地方建仓，什么地方平仓，什么地方止损，什么地方止赢；再也不会出现由于没有及时止损造成大赔，或过早止赢把一个大波段放跑了。

在我的学员中，有一个湖北的学员，他在总结自己为什么操作失败时说：**“每天买卖都是凭感觉，不知道什么时候做空，什么时候做多，建了仓之后，不知道在什么地方止损，什么地方止赢，总是在交易过程中赚小赔大。”**

我们的赚大赔小交易模型帮我们解决了找波段转折点的问题，见图 3－7。

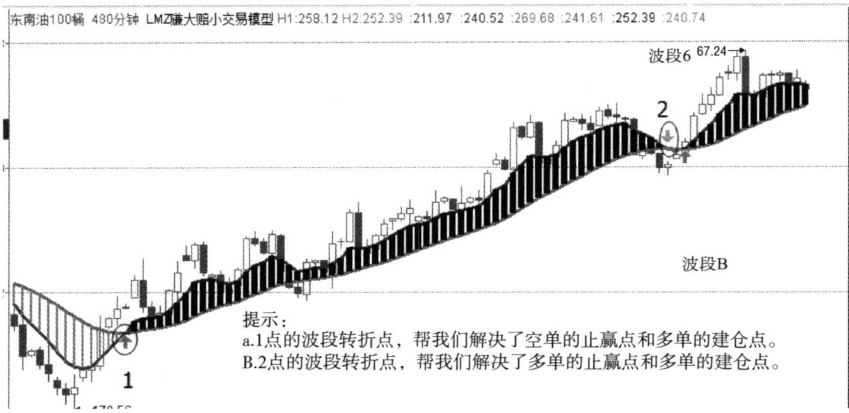

图 3－7　解决买卖止赢止损点

投资提示

1. 正确理解波段转折点在整个交易过程当中的重要性。

2. 波段转折点帮我们解决了买空还是买多，什么位置建仓，什么位置平仓的问题。

3. 我们的赚大赔小是从波段转折点开始的。

4. 如果没有波段转折点，我们就无法正确把握进出场时机。

5. 你想盈利吗？请从找准波段转折点开始。

6. 波段转折点是你打开盈利之门的一把金钥匙。

投资格言

只要认识到趋势在什么地方出现，顺着潮流驾驭你的投机之舟，就能从中得到好处。不要跟市场争论，最重要的是，不要跟市场争个高低。

——杰西·利弗莫尔

第四节　如何找波段转折点

首先，我们知道要想实现赚大赔小，必须进行波段操作。

其次，要想进行波段操作，就必须找准波段转折点。

最后，找到了波段转折点，我们根据转折点信号，进行果断建仓，止赢止损，最终实现赚大赔小。

因此，要想找到波段转折点，关键是要找到判断趋势的方法。趋势发生转折的地方，就是波段转折点。

那如何找波段转折点？如何判断趋势的转折？

判断趋势发生转折的方法很多，比如均线、MACD，当然还有我们的赚大赔小交易模型等。下面我给大家详细说明。

一、用均线找趋势转折点

就是5日均线上穿30日均线，趋势开始上涨，这个金叉点为上涨的趋势转折点，也就是波段的上涨转折点。当5日均线下穿30日均线，趋势开始下跌，这个死叉点为下跌的趋势转折点，也就是波段的下跌转折点，见图3－8。

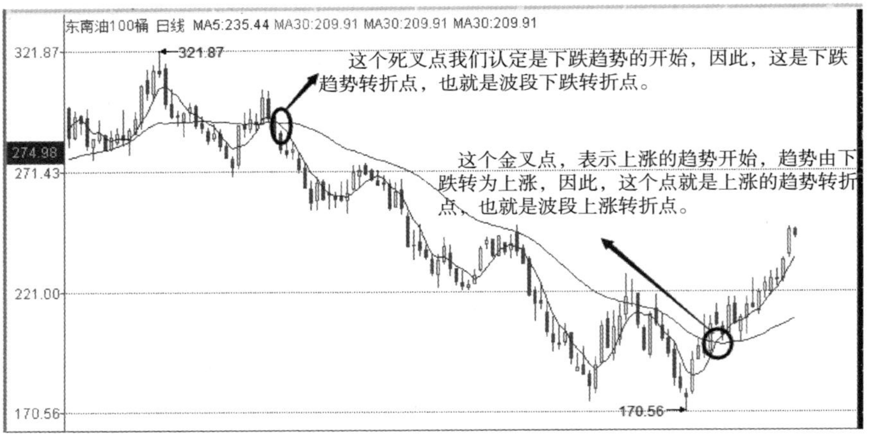

图3-8 用均线找波段转折点

二、用MACD的快慢线找趋势转折点

就是快线dea上穿慢线dif，金叉点为上涨趋势转折点，也就是波段上涨转折点。相反，快线dea下穿慢线dif，死叉点为下跌趋势转折点，也就是波段下跌转折点，见图3-9。

三、用赚大赔小交易模型找波段转折点

向上的箭头，表示趋势要发生向上转折，就是上涨的趋势转折点，也是波段上涨转折点。向下的箭头，表示趋势要发生向下转折，就是下跌的趋势转折点，也是波段下跌转折点，见图3-10。

图3－9　用MACD找波段转折点

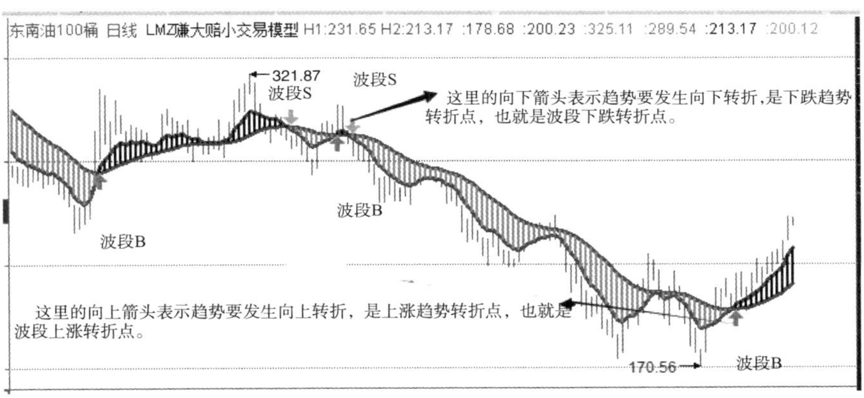

图3－10　用赚大赔小交易模型找波段转折点

综上所述，找波段转折点的方法有三种，大家可以根据自己的实际情况，采取不同的方法，找到适合自己的方法来找波段转折点。

同样也可以参考我的赚大赔小交易模型来找波段转折点。

投资提示

1. 真正理解波段、波段转折点定义，可以自己运用趋势性指标来找到趋势转折点。

2. 除了我介绍的几种找波段转折点的方法之外，大家可以用自己的方法去找。

3. 不管用什么方法找波段转折点，最终的目的都是要实现赚大赔小。

4. 不同的方法找到的波段转折点是不一样的，但最终实现赚大赔小的结果是一样的。

5. 要想在这个市场盈利，就先从找到波段转折点开始吧。

投资格言

再强调一遍，关键价位不是那么好定义的。在我看来，它应该是市场从根本上转向了——市场情绪已经酝酿得恰到好处，新一波趋势就要开始。这是整个市场根本趋势的重大转折。

——杰西·利弗莫尔

附录三

罗杰斯七大投资法则

量子基金创始人之一、环球旅行投资家吉姆·罗杰斯言简意赅的投资哲理，都是感从心来、实践出真知。

1. 勤奋

“我并不觉得自己聪明，但我确实非常、非常、非常勤奋地工作。如果你能非常努力地工作，也很热爱自己的工作，就有成功的可能。”这一点，索罗斯也加以证实，在接受记者采访时，索罗斯说：“罗杰斯是杰出的分析师，而且特别勤劳，一个人做六个人的工作。”

评价：一分耕耘一分收获，但也要注意看“场所”。勤奋首先是一种精神状态。每次行动之先是缜密的思考和研究，是“精打细算之后准确地出击”！

2. 独立思考

“我总是发现自己埋头苦读很有用处。我发现，如果我只按照自己所理解的行事，既容易又有利可图，而不是要别人告诉我该怎么做。”罗杰斯从来都不重视华尔街的证券分析家。他认为，这些人随大流，而事实上没有人能靠随大流而发财。“我可以保证，市场永远是错的。必须独立思考，必须抛开羊群心理。”

评价：“每个人都必须找到自己成功的方式，这种方式不是政府所引导的，也不是任何咨询机构所能提供的，必须自己去寻找。”

3. 别进商学院

“学习历史和哲学吧，干什么都比进商学院好；当服务员，去远东旅行。”罗杰斯在哥伦比亚经济学院教书时，总是对所有的学生说，不应该来读经济学院，这是浪费时间，因为算上机会成本，读书期间要花掉大约10万美元，这笔钱与其用来上学，还不如用来投资做生意，虽然可能赚也可能赔，但无论赚赔都比坐在教室里两三年，听那些从来没有做过生意的“资深教授”对此大放厥词地空谈要学到的东西多。

评价：成功并不完全取决于专业知识，更主要的是一种思维方法和行为能力。哲学能使人聪明，而历史使人温故而知新，更加明智。

4. 绝不赔钱法则

“除非你真的了解自己在干什么，否则什么也别做。假如你在两年内靠投资赚了50%的利润，然而在第三年却亏了50%，那么你还不如把资金投入国债市场。你应该耐心等待好时机，赚了钱获利了结，然后等待下一次的机会。如此，你才可以战胜别人。”“所以，我的忠告就是绝不赔钱，做自己熟悉的事，等到发现大好机会才投钱下去。”

评价：知己知彼，百战百胜，不打无准备之仗。

5. 价值投资法则

如果你是因为商品具有实际价值而买进，即使买进的时机不对，你也不至于遭到重大亏损。“平常时间，最好静坐，愈少买卖愈好，永远耐心地等候投资机会的来临。”“我不认为我是一个炒家，我只是一位机会主义者，等候机会出现，在十足信心的情形下才出击。”

评价：“错过时机”胜于“搞错对象”：不会全军覆没！当然，最好是恰到好处切准目标。

6. 等待催化因素的出现

市场走势时常会呈现长期的低迷不振。为了避免使资金陷入如一潭死水的市场中，你就应该等待能够改变市场走势的催化因素出现。

评价：“万事俱备，只欠东风。”耐心等待时机和契机！

7. 静若处子法则

“投资的法则之一是袖手不管，除非真有重大事情发生。大部分的投资人总喜欢进进出出，找些事情做。他们可能会说‘看看我有多高明，又赚了 3 倍’。然后他们又去做别的事情，他们就是没有办法坐下来等待大势的自然发展。”罗杰斯对“试试手气”的说法很不以为然。“这实际上是导致投资者倾家荡产的绝路。若干在股市遭到亏损的人会说：‘赔了一笔，我一定要设法把它赚回来。’越是遭遇这种情况，就越应该平心静气，等到市场有新状况发生时才采取行动。”

评价：一旦出击，就静待佳音，放手不管；遭遇不顺，马上休息。

［作者小结］

通过本章的学习，相信大家明白了：**要想在这个市场赚钱，必须做到赚大赔小。**

在这一章里，大家必须掌握这几个概念：**赚大赔小，波段操作，波段转折点，**趋势转折点，因为这几个概念可以帮我们找到实现赚大赔小的操作依据。

如何能做到赚大赔小？这是最终让我们在这个市场获利的根本。因此，在下一章要学习我的核心交易方法：**赚大赔小交易模型，**它可以帮我们实现赚大赔小。

投资格言

凡事总有盛极而衰的时候，大好之后便是大坏。重要的是认清趋势转变不可避免。要点在于找出转折点。

——吉姆·罗杰斯

下篇 投资实战

第四章 赚大赔小交易模型

上一章主要学习赚大赔小的投资理念，本章我们具体学习赚大赔小交易模型，也就是实现赚大赔小的具体方法。本章会结合实例给大家讲解赚大赔小交易模型的建仓、平仓标准，以及运用方法和注意事项，让大家真正掌握这个简单、易学、易操作的交易模型。

作者导读

上一章主要学习赚大赔小的投资理念，本章我们具体学习赚大赔小交易模型，也就是实现赚大赔小的具体方法。赚大赔小是一种投资策略，这个交易模型就是实施策略的具体方法。

我会结合实例给大家讲解赚大赔小交易模型的建仓、平仓标准，以及运用方法和注意事项，让大家真正掌握这个简单、易学、易操作的交易模型。

在这里我要强调一点：**大家一定要熟练掌握赚大赔小交易模型的核心理念及交易规则，把遵守交易规则变成自己的日常交易习惯。**

本章学习的核心：**轻仓操作—不设止损止赢，按信号止损止赢—连续执行交易信号—实现赚大赔小。**希望大家能认真领会这三点，要想实现赚大赔小，这三点缺一不可。

投资格言

我们每个人都受到一个共同的人性弱点的诱惑，每一次轮流下注时，都想参与一份，每一手牌都想赢。我们或多或少都具备这个共同的弱点，而正是这一弱点成为投资者和投机者的头号敌人，如果不对之采取适当的防范措施，它最终将导致我们的溃败。

——杰西·利弗莫尔

第一节 赚大赔小交易模型概述

一、LMZ 贵金属“赚大赔小交易模型”行情软件

1. 本软件是根据本人赚大赔小模型特制的行情软件，方便大家在阅读时更好地学习和理解我的操作理念。

2. 观看和学习本软件的使用方法。

3. 本软件的行情示意图：

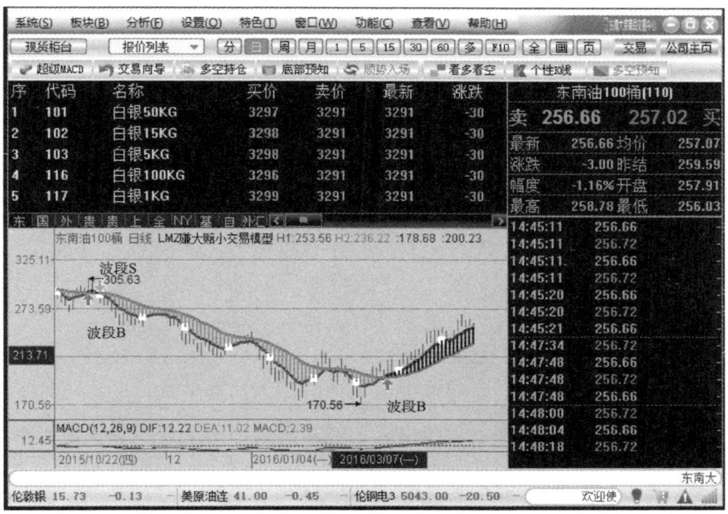

图 4-1 LMZ 贵金属“赚大赔小交易模型”行情软件截图

二、“赚大赔小交易模型”具体介绍

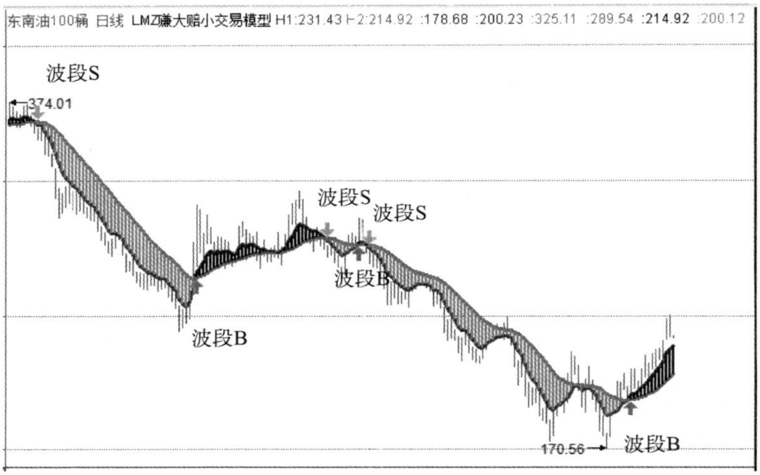

图4－2 “赚大赔小交易模型”图示

表4－1 赚大赔小交易模型说明

1	两条线	两条线金叉会出现向上的箭头，死叉会出现向下的箭头
2	在金叉之后出现的深色区域	代表多头趋势，是持有多单
3	在死叉之后出现的浅色区域	代表空头趋势，是持有空单
4	向上的箭头	表示趋势由空头转为多头，要平仓空单，建仓多单
5	向下的箭头	表示趋势由多头转为空头，要平仓多单，建仓空单
6	波段B	表示上涨波段的转折点，是在出现向上箭头时出现的，代表这里可以做波段多单
7	波段S	表示下跌波段的转折点，是在出现向下箭头时出现的，代表这里可以做波段空单

投资提示

1. 要弄清赚大赔小交易模型的基本要素。
2. 明白各个要点的含义。
3. 能看懂赚大赔小交易模型图。
4. 明白各个要素的基本用法。

投资格言

当我看见一个危险信号的时候，我不跟它争执，我躲开！几天以后，如果一切看起来还不错，我就再回来。这样，我会省去很多麻烦，也会省很多钱。

——杰西·利弗莫尔

第二节 赚大赔小交易模型的核心理念

一、控制仓位：轻仓操作

1. 为什么要轻仓操作

首先，现货原油投资是有杠杆的投资，也就是说我们用更少的钱，就可以买到更多的原油。可以一笔交易，就能赚 1 ~ 2 倍的钱。同样，也可以一笔交易，赔 1 ~ 2 倍的钱，直到爆仓。所以做投资首先是控制风险，而轻仓操作是控制风险最好的办法。

其次，在现货原油的交易过程当中，我们的每一次交易都不能保证赚钱，也就是说只要你有交易，都要面临赔钱的风险。因此，在不能确定每一次交易都能赚钱的情况下，如果重仓操作，将会面临巨大的交易风险。所以我们不能去赌，只能轻仓操作。

最后，现货原油的波动巨大，只有轻仓操作，盘中的波动你才承受得了，不会因为波动巨大影响自己的操作策略，而提前止赢止损。

2. 什么是轻仓操作

轻仓操作，就是用你总资金的 3 成以下仓位进行操作，这样可以更好地控制风险。

例如：你有 10 万元的资金，你在操作时，所购买的现货石油占用保证金要在3万元以下，其他的7万元可以作为备用保证金。这样你就可以控制好自己的风险，进可攻，退可守。

3. 轻仓操作的重要性

在现货原油投资过程当中，轻仓操作，控制好仓位，是控制风险最好的办法。我们在操作过程当中，在每一次交易时不是想能赚多少钱，而是想自己能承担多大的风险。这样把风险控制住了，做到小赔了，当市场提供机会时，才会有赚钱的资本。

现货原油投资，要控制好风险，控制好仓位，控制好情绪。

二、控制风险：不设止损止赢，按信号止损止赢

1. 为什么不设止损止赢

首先，由于我们是轻仓操作，所以对于盘中的一次波动，我们可以承受这个风险，所以不设止损止赢。

其次，止损止赢点没有标准。是设30点、50点，还是100点，没有标准。今天设30点是对的，明天设50点就是错的，这样会让我们的单子反复止损止赢，为交易所贡献大量的手续费和点差，而自己又赚不到钱。

最后，我如果设了止损止赢，我的单子总是被止赢或止损，这与我的波段操作理念是相反的。波段操作，就是在波段开始时建仓，在波段结束时平仓，而整个过程都是持仓。而你设了止损止赢，就不能保证在整个过程连续持仓了。所以就不设止损止赢，这是波段操作所必需的。

2. 按信号止损止赢

首先，不设止损止赢并不代表我们不止损止赢，而是按照赚大

赔小交易模型上的信号进行止损止赢。所以，我们的投资风险还是受到比较严格的控制。

其次，按信号止损止赢。在我们按信号建仓时不设止损止赢，等我们的赚大赔小交易模型出现了止损或止赢信号时，我们再进行止损止赢，见图4－3。

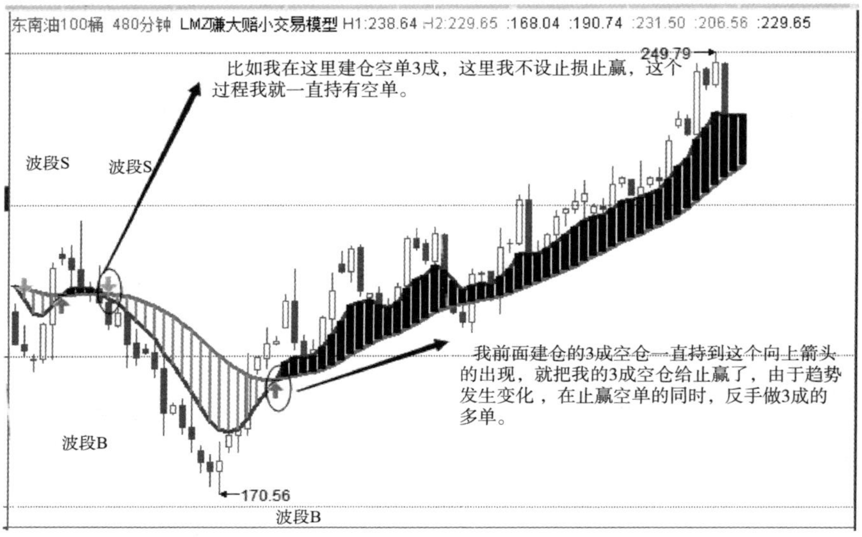

图4－3　不设止损止赢，按信号止损止赢图解

最后，按信号止损止赢是符合我们波段操作理念的。它可以避免我们短线反复操作，让我们按信号止损止赢可以使我们的操作由无序操作变成有序操作，更为重要的是按信号止损止赢可以让我们实现赚大赔小。如果是错的交易信号，按信号止损，不会大赔。如果是对的交易信号，按信号止赢，我们就是大赚，见图4－4。

因此，不设止损止赢，按信号进行止损止赢，是赚大赔小交易模型最核心的操作理念，它是波段操作成功的保证。

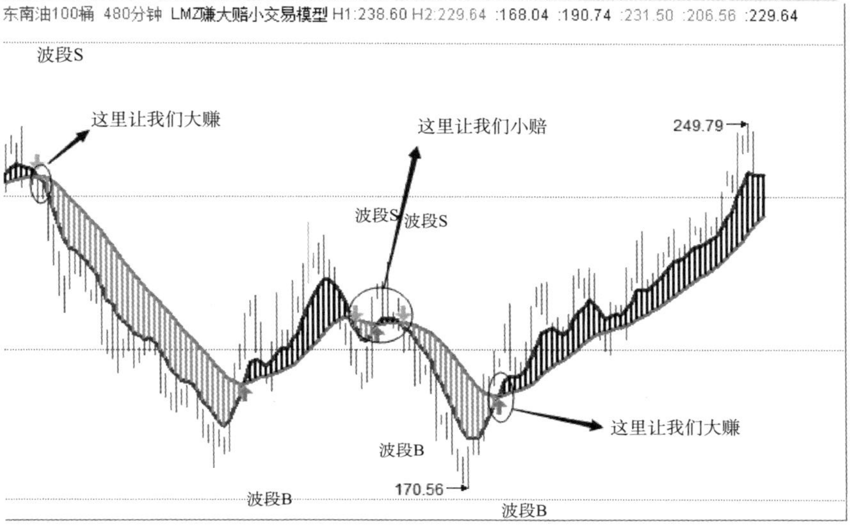

图 4-4　按信号止损止赢赚大赔小图

三、执行规则：连续执行交易信号

1. 为什么要连续执行交易信号

首先，连续执行交易信号可以控制风险，保护盈利。由于建仓信号和平仓信号是连续的，就是说在出现建仓多单信号的同时，也是平仓空单的信号。如果你不连续执行交易信号，你的建仓信号假如是错误的，你不果断止损，就会给你造成大赔；你的建仓信号假如是正确的，你不果断止赢，就会让你从盈利变成亏损，见图 4-5。

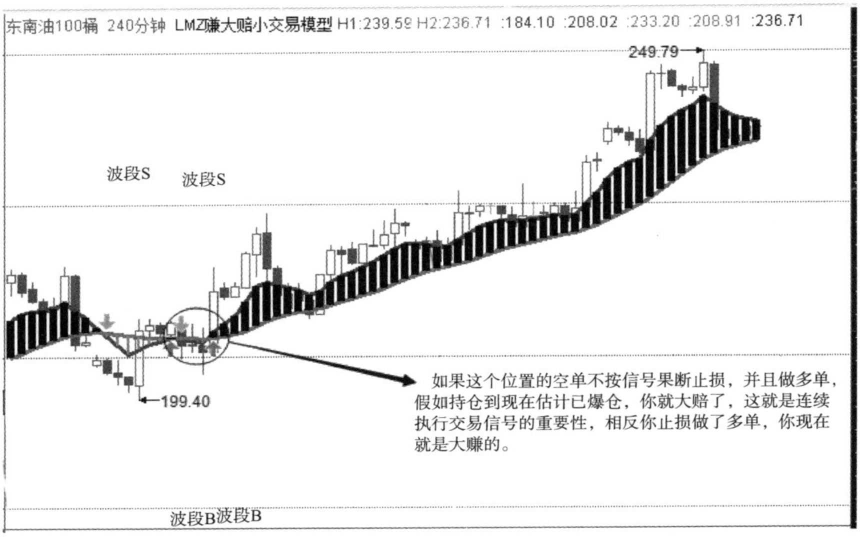

图4－5　连续执行交易信号可以控制风险和保护盈利图解

其次，连续执行交易信号可以让我们把握市场提供的任何一次大的单边波段。我们无法预测市场任何一次大的上涨或下跌的幅度，不知道会涨多少或跌多少。如果我们不连续执行交易信号，那我们就会错过很多大的单边机会，让大赚与我们无缘，这与赚大赔小理念是相反的。所以，我们要连续执行交易信号，见图4－6。

2. 连续执行交易信号的重要性

连续执行交易信号可以控制我们的风险，保护我们的盈利，可以让我们把握市场提供的任何大的单边机会，让我们远离大赔，从而实现赚大赔小的梦想。

因此，**连续执行交易信号是我们在这个市场实现赚大赔小的保证。所以，大家要认真地理解与熟悉地运用。**

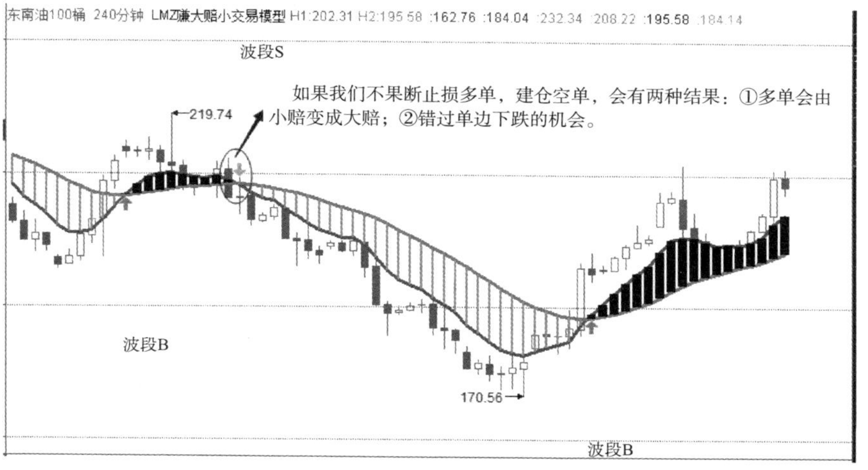

图 4-6 连续执行交易信号，可以把握大波段

投资提示

1. 本节是实现赚大赔小的理论基础，需要认真学习和理解。

2. 对这三大操作理念的理解，将会有助于你更好地操作赚大赔小交易模型。

3. 这三大理念是相辅相成的，缺一不可。

4. 请你记住不设止损止赢，按信号进行止损止赢，以及连续执行交易信号的真正含义，如果你做到了，你就会成为这个市场的胜利者。

投资格言

我怎么强调关键价位的重要性都不为过。在我领会了其中的奥妙之后，这就成为我最重要的交易武器。在整个20世纪20年代和30年代，整个投机市场都没有认识到这种交易秘密的奥妙。可以说关键价位是一个把握入场时机的利器，我利用这个方法确定入场和离场的时机。

——杰西·利弗莫尔

第三节　赚大赔小交易模型的交易规则

一、赚大赔小交易模型的建仓、平仓标准

1. 多单建仓标准

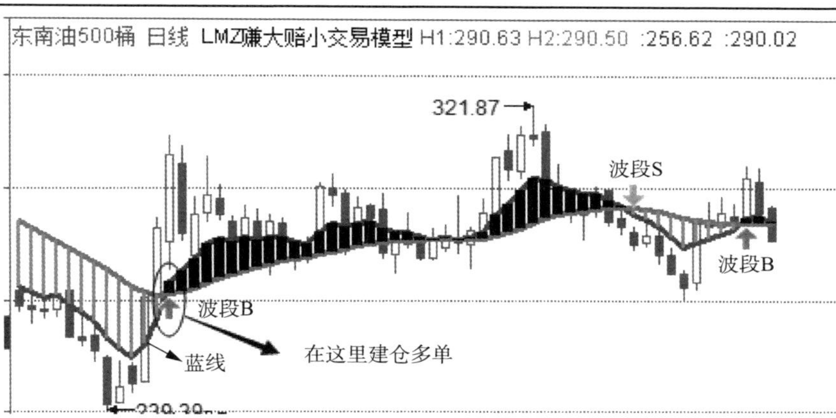

赚大赔小交易模型多单建仓标准图

多单建仓标准	1. 蓝线上穿红线，形成金叉，出现向上的箭头和波段 B 点，表示空头趋势转为多头趋势。这里是波段做多点的开始。 2. 在出现向上箭头的第二根 K 线，逢低做波段多单。 3. 仓位 3 成以下，不设止损止赢。 4. 建仓之后，持有多单，直到出现蓝线下穿红线，形成死叉，并且出现向下的箭头和波段 S 点，表示上涨波段结束，并且转为下跌波段，在第二根 K 线，逢高止损或止赢多单。

2. 空单建仓标准

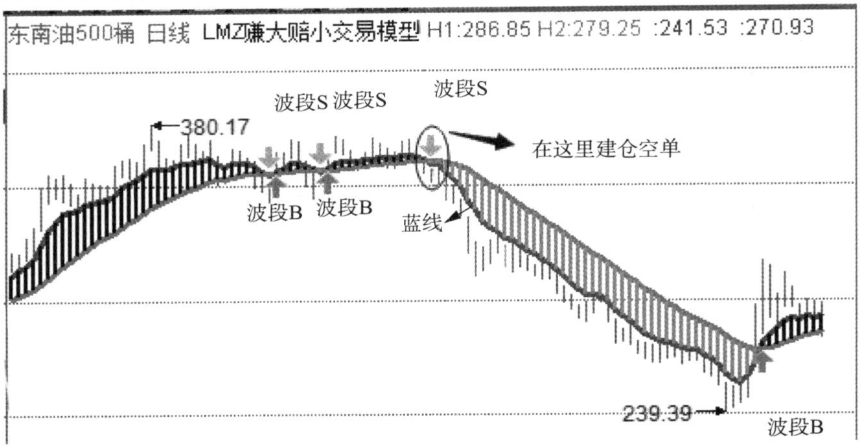

赚大赔小交易模型空单建仓标准图

空单建仓标准	1. 蓝线下穿红线，形成死叉，出现向下的箭头和波段S点，表示多头趋势转为空头趋势。这里是波段做空点的开始。 2. 在出现向下箭头的第二根K线，逢高做波段空单。 3. 仓位3成以下，不设止损止赢。 4. 建仓之后，持有空单，直到出现蓝线上穿红线，形成金叉，并且出现向上的箭头和波段B点，表示下跌波段结束，并且转为上涨波段，在第二根K线逢低止损或止赢空单。

3. 多单平仓标准

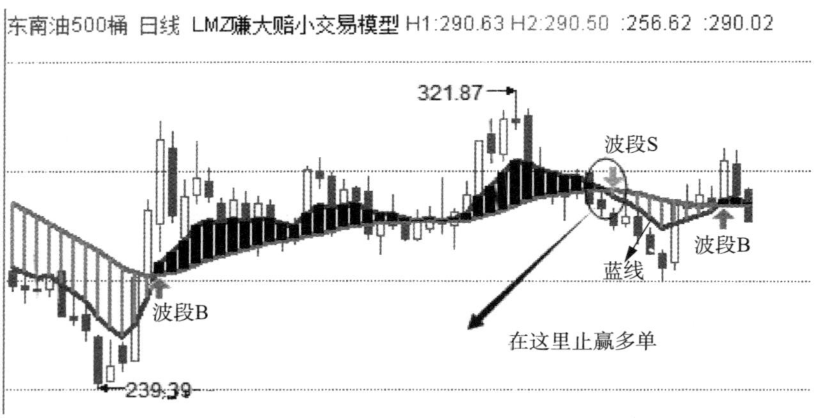

续表

赚大赔小交易模型多单平仓标准图	
多单平仓标准	1. 蓝线下穿红线，形成死叉，出现向下的箭头和波段 S 点，表示多头趋势转为空头趋势，这里是波段多单平仓点或叫止赢（损）点。 2. 在出现向下箭头的第二根 K 线，逢高平仓波段多单。 3. 一个完美的上涨波段就操作完成，这就是波段操作。

4. 空单平仓标准

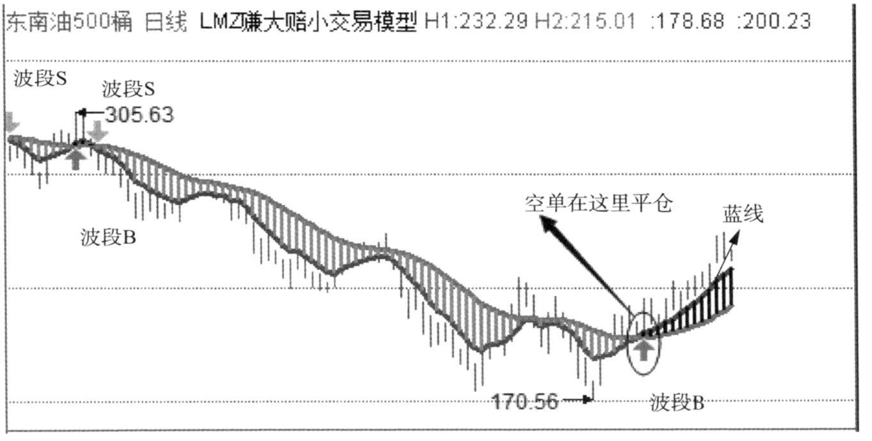

赚大赔小交易模型空单平仓标准图	
空单平仓标准	1. 蓝线上穿红线，形成金叉，出现向上的箭头和波段 B 点，表示空头趋势转为多头趋势，这里是波段空单平仓点或叫止赢（损）点。 2. 在出现向上箭头的第二根 K 线，逢低平仓波段空单。 3. 一个完美的下跌波段就操作完成，这就是波段操作。

二、赚大赔小交易模型在运用时的注意事项

1. 赚大赔小交易模型的建仓和平仓是一个连续的交易过程，也就是说波段多单建仓点，就是上一个波段空单的止赢或止损点。波

段多单的平仓点，就是下一个波段空单的建仓点，这是一个连续的循环过程。

2. 赚大赔小交易模型的适用周期：最好的周期就是 240 分钟、480 分钟和日线周期。当然，对于短线 60 分钟和 120 分钟的周期也适用。大家要注意周期越长，成功率越高，周期越短，成功率越低。

3. 赚大赔小交易模型出现建仓和平仓信号，必须果断执行交易信号，哪怕将来是错的交易信号也要执行，及时建仓和平仓，这样才能确保实现赚大赔小。

4. 在建仓信号出现时应不管当时价格的高低先建仓 1 成波段底仓，然后再根据逢高和逢低的标准加仓，这样做的目的是以防不回调或不反弹，不给我们建仓机会而错过这个波段。

5. 在运用赚大赔小交易模型时，请大家不要再参考其他的技术和方法，不要再听消息和听别人的建议，否则，就运用不好赚大赔小交易模型。

6. 大家在周期选择时不要同时选择几个周期，因为不同交易周期的交易信号是不一样的，这样会让你在决策时不果断，而错过止赢止损和建仓平仓的大好时机。最好选择一个适合自己的周期，不去参考其他周期。

7. 当你有一定的利润之后，不管是哪个周期，如果出现大阳线或大阴线，你都可以把你的单子止赢一部分，但是你的波段底仓 1 成保持不变。

8. 如果你在波段的持有过程当中想加仓，一定要选择在蓝线附近加仓，远离蓝线时，可以把你加仓的部分单止赢了，但是总仓位保持在3成以下。

投资提示

1. 本节主要是给大家讲解赚大赔小交易模型的使用规则，比较简单易学。

2. 大家要重点理解交易规则的建仓平仓标准，并且灵活运用。

3. 大家要特别关注赚大赔小交易模型在运用过程当中的注意事项，以防自己犯错误。

4. 赚大赔小交易模型的核心就是让我们在交易过程实现赚大赔小，而赚大赔小的关键就是连续交易和不设止损止赢，按信号进行止损止赢。

投资格言

"从众心理"是大资金获利的法宝，所以高手操盘会充分利用该心理一次次让投机者心理崩溃，一次次让投机者情绪亢奋。

——杰西·利弗莫尔

附录四

杰西·利弗莫尔的40条交易格言

1. 有人说凡事都有两面，但是股市只有一面，不是多头的一面或空头的一面，而是正确的一面。

2. 一个人如果要想在投机市场交易中有优异的表现，他必须彻底了解自己，而这是一个漫长的过程。

3. 交易者除了要研究基本形势、记住市场的前例、考虑一般大众的心理，以及了解自己的经纪商之外，还必须认识自己，注意防范自己的弱点。

4. 没有一个人的心灵能够这么像机器，以至于能够在任何时候都用相同的效率工作，足够让你依靠。我们不能始终相信，我们自己在任何时候都不受其他人和不幸的影响。

5. 一个人要是想靠这个游戏过活，必须相信自己和自己的判断，这就是我不相信内幕的原因。我逐渐得到信心，这种信心来自对自己的谋生方法有着专业而冷静的态度。一个人对自己的判断没有信心，在这种游戏中走不了多远。

6. 华尔街的专家都知道，根据“内线”明牌行动，会比饥荒、瘟疫、歉收、政治调整或所谓的正常意外事故，还要更快地让人破产。

7. 对我来说，买卖从来就没有任何差别。我操作一种系统，而不是操作一支喜爱的股票，也不是操作支持我买卖背后的意见。

8. 投机客的敌人总是从内心出现。人性与希望和恐惧无法分开。在投机时，如果市场背离你，你希望每天都是最后一天；如果市场照你的意思走，你又会害怕明天会把你所有的利润拿走，因此你退出了。成功的交易者必须克服这两个根深蒂固的本能。

交易者另一个危险的敌人是：可能被心思敏捷、魅力十足、能言善道的人打动。因为他博览群书，很多事情有惊人的理解力，而且拥有天分，能够很有趣地归纳出来。他谈话中的智慧令人动容，至于在能言善道方面更是无人可比。有时候我不免怀疑，他这么惊人的谈话技巧，是不是因为他先这么彻底地说服自己，因此能够大大增加说服别人的力量。

9. 顺势而为，在多头市场买进，在空头市场卖出。不要以为现在已经太高而不敢去买，更不能去卖出，因为这是多头市场，你永远不知道它会有多高。

10. 在上升的市场里买进是最安稳的方法。重点不在于以多么便宜的价位买进，而是在正确的时机买进。

11. 当你的交易是正确的时候，就应该持有，等待你的利润不断扩大，而不是先落袋为安，等待回档的时候再去回补。

12. 没有一个人可以抓住市场所有的起伏，所以你要做的就是一直持有，直到你看到趋势开始反转为止。

13. 持续不断操作的意愿，是华尔街上许多人亏损的原因。

14. 看盘不是算命，大盘不会告诉你下周四下午1点35分你的身价有多少。看盘的目的是确定第一如何交易，第二什么时候交易，也就是说，买是否比卖适合。

15. 在实际中，股市收盘和隔天开盘之间的任何重要信息，通常都配合阻力最小的路线。在消息发布前，情势已经确立，在多头市场，利空消息会被人忽视，利多的消息会被人夸大，反之亦然。

16. 市场可能而且经常在股价普遍开始下跌前很久，就不再是多头市场。

17. 在窄幅震荡的市场，价格起伏微不足道，但是窄幅震荡的时候，预测下一个大波动是往上或往下毫无意义。应该做的事情是观察市场，解读大盘，判定窄幅震荡价格的上下限，决定在价格突破任何方向的限制之前，不采取任何行动。

18. 绝对不要尝试在头部放空，这样不聪明，要在回档之后，没有反弹的时候放空。

19. 观察、经验、记忆和数学，这些就是成功交易者必须依靠的事情。

20. 我猜想普兰德和成千上万的外行人一样，有一种错觉，认为作手无所不能，什么事情都做得到。作手没有这种能耐。他做不到的。吉恩最大的成就是在1901年春季，炒作美国钢铁公司普通股和特别股。他能够成功，不是因为他很精明和财力雄厚，也不是因为他有一票全美国最富有的人做他的后盾。这些是他成功的部分原因，但是主要原因是大盘很合适，大众的心态也很合适。违背经验的教训、违背常识的行动不是好事。但是华尔街的傻瓜不完全都是外行人。

21. 真是好厉害的角色，那个丹尼尔·威廉森。他精明透顶，很有远见，心思灵巧，又能大胆行动。他是一个思想家，很有想象力，看得出任何人的弱点，然后能够冷静地计划，去打击这个弱点。

22. “我睡不着。”紧张的这个人回答说。“为什么睡不着?”朋友问道。“我做了太多的棉花，以至于想来想去睡不着，搞得筋疲力尽。我该怎么办?”“卖到睡得着的程度。”朋友回答。

23. 波动的产生必有其原因，但是报价带不会给出解释。原因可能一段时间后才会浮出水面。报价带的意义是现在，不是将来，原因可以等，但是必须马上行动。

24. 我的损失教会我：直到自己确信不会后退，我才能前进。如果不能前进，我就得按兵不动。

25. 每次我靠经验看盘时，总是赚钱，但是在我做出十分愚蠢的操作时，我一定亏钱。不理基本大势，持续不断操作的意愿，是华尔街上许多人亏损的原因，连专家也不能避免，他们认为每天必须带回家一点钱，好像自己是为固定的薪水工作一样。

26. 能够同时判断正确却又坚持不动的人很罕见，我发现这是最难学习的一件事。

27. 金钱不会给生意人带来更多的舒适感，因为，无论贫富，他都可能犯错，而这永远都是令人不快的。而当他行事正确时，金钱不过是他的工具罢了。亏钱从来没对我产生过什么困扰，我第二天就可能忘了。但是犯错误而不立即接受亏损就不仅仅是财产上的损失了，也是对灵魂的伤害。

28. 我不允许我的资产或先入为主的观念，来替我思考，这就是我之所以反复强调自己永远不和行情记录争论的原因，由于股市出乎意料或不合逻辑就对它火冒三丈就如同得了肺炎跟自己的肺怄气一样，是不可取的。

29. 我最想知道自己的错误和思考习惯。我不希望重蹈覆辙。一个人只有在能够利用错误，以便后来获利时，才能原谅自己的错误。

30. 我一言不发，目的不是要引诱别人提出比较好的条件，而是因为我喜欢知道事情的全部事实。让一个人完整地说出来，你可以立刻决定，这样可以大大地节省时间，避免毫无意义的争辩和冗长的辩论。就我参与的商业建议来说，向我提出来的商业建议，几乎每一件都能够靠我说是或否片言而决。但是除非我了解全貌，否则我不能立刻说是或否。

31. 一个人可能看得清楚而明确，却在市场从容不迫，准备照他认为一定会走的方向时，变得不耐烦或怀疑起来。

32. 市场没有打败他们。他们打败了自己，因为他们虽然有头脑，却无法坚持不动。

33. 每次景气热潮时，都会有一些公司成立，目的就算不是完全想利用大众对各种股票的好胃口，主要的目的也是这样。也有人迟迟才把股票拿出来承销。承销公司犯这种错误的原因，是因为他们是人，他们不愿意看到景气热潮结束。此外，只要潜在的利益够大，也值得冒险。在憧憬被希望干扰时，绝对看不到头部。一般人看到，一支在 12 或 14 美元时没人要的股票，突然涨到 30 美元，这样当然是到顶了，却又涨到 50 美元，这样绝对是涨势的尾声了。接着这支股票又涨到60美元、70美元，然后涨到75美元。这时情势很可以肯定，几星期前这只股票的价格还不到15美元，现在当然不可能再上涨了。但是这只股票又涨到80美元，然后涨到85美元。到了这个时候，一般人因为从来不考虑价值，只考虑价格，而且因为他们的行动不是由情势主导，而是由恐惧主导，于是就采取最容易的方法——不再认为涨势一定有到头的时候。这就是外行人虽然聪明，不会在头部买进，却也不获利落袋的原因。在景气热潮中，大众总是先赚到很多钱——账面上的利润，而且始终是账面上的利润。

34. 我在棉花交易上有很长期的成功经验。我对棉花有自己的理论，而且绝对遵照这个理论。假设我认定我的部位应该要有4万到5万包。我会像我告诉你的那样研究盘势，观察买进或卖出的机会。假设阻力最小的路线显示多头走势，我会买进1万包。我买完之后，如果市场比我最初买进的价格上涨10点，我会再买1万包。同样的，随后如果我能得到20点的利润，也就是每包1美元的利润，我会再买2万包。但是如果我买到第一个1万或2万包之后，出现亏损，我会卖光。我错了。可能我只是暂时错了，但是我前面说过，任何事情开始错误，都不会有利润。

35. 我说我买进股票做多时，喜欢付出高价，在我放空股票时，一定要卖在低价，否则根本不放空，令人惊讶的是有这么多有经验的交易者听到这种话时，露出难以置信的样子。要是交易者总是坚持自己的投机利器——也就是等到阻力最小的路线自行确立，一定等到大盘说上涨时，才开始买进，或者在大盘说下跌时，才开始放空，并且应该一路加码，要赚钱并不困难。例如先买全部持股的五分之一。如果这一部分没有出现利润，一定不能增加持股，因为他开始显然错了，他至少暂时错了，任何时候，犯错都不会有利润。大盘说会上涨，不见得是说谎，完全是因为大盘现在是说“还没有到时候”。

36. 请记住，股票永远不会太高，高到让你不能开始买进，也不会低到不能开始卖出。但是在第一笔交易后，除非第一笔出现利润，否则别做第二笔。要等待和观察。这就是你解盘能力发挥作用的时候，让你能够判定开始的正确的时机。很多事情成功与否，要看是否在完全正确的时机开始。我花了很多年才了解这一点的重要性。这一点也花了我好几十万美元。

37. 我的意思不是建议你持续加码。当然，你加码可以赚到不加码赚不到的大钱，但是我想说的是：假设一个人的操作极限是500股。我的建议是他不应该一次全部买下，如果不是在投机的话，就不应该这样。如果他只是在赌博，我能给他的唯一建议就是别赌。假设他买进第一笔100股，立刻就出现损失，他为什么应该继续操作买进更多股票呢？他应该立刻看出他错了，至少暂时是错误的。

38. 股票投机成功的基础，是假设大家未来会继续犯以前所犯的错误。

39. 一个人要花很长的时间，才能从他所有错误中学到所有的教训。

40. 我很早就学到的另一个教训，就是华尔街没有新事物。华尔街不可能有新事物，因为投机就像山岳那么古老。股市今天发生的事情以前发生过，以后还会再度发生。我从来没有忘记这一点。

作者小结

通过本章的学习，相信大家一定理解了**赚大赔小的投资理念和赚大赔小交易模型，后者是我们实现赚大赔小的战略武器**。

学习完本章之后，大家需要重点掌握的是：**三个投资理念（仓位，止损止赢和连续执行交易信号）和一个交易规则（赚大赔小交易模型）**。

赚大赔小交易模型，是我们在现货原油市场实现盈利的法宝。但是学习了这个交易模型，并不代表你就可以赚钱了，这只是万里长征走完了第一步，接下来要想在交易过程当中盈利，你必须：**严格执行交易信号，特别是交易信号让你赔钱的时候，你也要坚持执行。要对交易模型充满信心，不听消息，不听别人的建议，只认自己的交易信号**。这时赚钱和盈利离你就不远了！

在下一章我会结合实例教大家如何运用赚大赔小交易模型，让大家真正掌握和使用这个交易模型。

投资格言

不论何时，只要耐心等待市场到达我所说的“关键点”后才动手，我就总能从交易中获利。为什么？因为在这种情况下，我选择的正是标志着行情启动的心理时机。我永远用不着为亏损而焦虑，原因很简单，我恰好在准则发出信号时果断行动，并根据准则发出的信号逐步积累头寸。之后，我唯一要做的就是静观其变，任由市场自动展开行情演变的过程。

——杰西·利弗莫尔

下篇 投资实战

第五章 赚大赔小交易模型实战案例分析

上一章我们学习了赚大赔小的交易模型，本章会结合实例，给大家进行详细的讲解和说明，着重学习该模型在实战操作当中的运用，比如在建仓平仓、止损止赢当中如何进行操作；在什么样的周期下进行操作；在操作过程中运用难点在哪里；如何克服这些问题；等等。

作者导读

上一章给大家讲解了赚大赔小交易模型的交易理念、交易规则及建仓平仓、止损止赢的要求。

本章我们着重学习赚大赔小交易模型在实战操作当中的运用。我会结合实例给大家进行详细的讲解和说明。

不管你的投资理念及投资方法有多好，如果没有好的实战与执行，再好的理念和方法都不可能帮助你去赢利。要想赢利，就得从实战、执行开始！

本章学习的核心：**相信你的规则，按你的规则在实战中去执行，特别是在规则出错时你还能去执行，你就可以在这个市场当中成为胜者。**

投资格言

“时机就是一切”，在恰当的时候买进，在恰当的时候卖出。交易不是每天要做的事情，那种认为随时都要交易的人，忽略了一个条件，就是，交易是需要理由的，而且是客观的、适当的理由。知道什么应该做，和知道什么不应该做几乎一样重要。股票作手必须对抗内心中很多代价高昂的敌人。赚大钱要靠“等待”，而不是靠想。预测市场之所以如此困难，就是因为人的本性，驾驭和征服人的本性是最困难的任务。仔细地选择时机是非常重要的，操之过急，是要付出代价的。

——杰西·利弗莫尔

现货原油交易规则

由于本书现货原油的图示都是以东南油为例给大家介绍的，因此，在用实例讲解赚大赔小交易模型时，大家必须了解东南油的交易规则及盈亏计算方法，方便大家更容易理解及学习。

一、东南油交易规则

东南大宗商品交易中心现货原油交易规则			
品种	东南油 100 桶	东南油 500 桶	1000 桶/手
单位	100 桶/手	500 桶/手	1000 桶/手
点差	0.36 元/桶		0.30 元/桶
手续费（单边/手）	成交金额的 0.07%	成交金额的 0.06%	成交金额的 0.06%
延期费率	建仓价的 0.01%	建仓价的 0.02%	建仓价的 0.02%
交易订金	合约价值的 5%	合约价值的 3%	合约价值的 3%
交易时间	每周一早 8：00 至周六早 4：00 报价交易（夏令时结算时间：4：00—6：00，冬令时结算时间：4：00—7：00）		
单笔最大交易	5000 桶（50 手）	15000 桶（30 手）	25000 桶（25 手）
最大持仓量	30000 桶	75000 桶（150 手）	100000 桶（100 手）
交割产品规格	10000 桶	10000 桶	10000 桶

续表

东南大宗商品交易中心现货原油交易规则			
提货费（成交金额算）	30%	30%	30%
交货费（成交金额算）	15%	15%	15%
备注：	单个客户的所有东南油总持仓量不得大于100000桶		

二、东南油盈亏计算

实际盈亏＝(卖出价－买入价)×交易单位×手数－手续费－点差－延期费

王先生在5月16日买入10手（100桶）东南油，并于当天卖出。买入价格为260元，卖出价格为270元，他的盈利情况为：

交易保证金：260×100×10×5%＝13000元

点差：0.36×100×10＝360元

手续费：（260＋270）×100×10×0.07%＝371元

延期费：0元

实际盈利：（270－260）×100×10－371－360＝9269元

三、现货原油交易的常用术语

1. 期初权益：上一交易日结算完之后交易商权益。

2. 入金：当日新划入资金账户的资金。

3. 出金：当日划出资金账户的资金。

4. 手续费：成交价格（建仓价或平仓价）×成交数量×手续

费率

5. 平仓盈亏：（平仓价－持仓价）×平仓数量

6. 浮动盈亏：（最新价－持仓价）×持仓数量×合约单位

7. 当前权益：期初权益＋入金－出金－手续费＋平仓盈亏＋浮动盈亏

8. 占用订金：Σ建仓价×持仓数量×合约单位×订金比例

9. 风险率：当前权益÷占用订金×100%

10. 冻结订金：订金比率×委托数量×合约单位×委托价格

11. 冻结手续费：手续费比率×委托数量×合约单位×委托价格

12. 可用资金：可用资金＝当前权益－占用订金－冻结订金－冻结手续费

13. 可出资金：可出资金＝今日期初权益－今日客户入金－昨日交易盈利

第一节 日线级别的赚大赔小交易模型实战案例分析

一、日线实战案例1（2015年3月27日至2015年9月1日）

实战案例说明	本案例的时间是从2015年3月27日至2015年8月31日，以东南油日线为例，利用我们的赚大赔小交易模型，为大家讲解。本案例共有6个波段，其中2、3、4、5这四个波段都是失败的波段，1、6两个波段是成功的波段。下面以3万资金，建仓东南油100桶5手的仓位给大家进行详细的分析。
实战图示	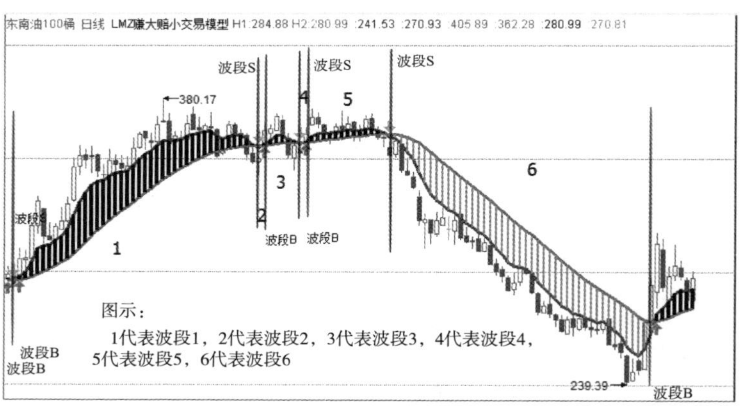

续表

<table>
<tr><td rowspan="3">波段 1
（成功）
3. 27—5. 28</td><td colspan="2">1. 由于在 3 月 27 日下跌波段结束，蓝线上穿红线，并且出现了向上的箭头及波段 B。因此，上涨趋势确立。于是在第二根 K 线，也就是第二天 3 月 30 日，逢低在 295，建仓东南油 100 桶多单 5 手。
2. 这 5 手多单不设止损止赢。
3. 这 5 手多单一直到 5 月 28 日，出现蓝线下穿红线，出现死叉，并且出现向下的箭头及波段 S 点，上涨波段结束。因此在第二天，也就是 5 月 29 日，逢高在 360 止赢多单。
4. 这个波段的操作是成功的。</td></tr>
<tr><td>计算公式</td><td>实际盈亏 = （卖出价 - 买入价）* 交易单位 * 手数 - 手续费 - 点差 - 延期费</td></tr>
<tr><td>实际盈亏
（31251 元）</td><td>交易保证金：295 * 100 * 5 * 5% = 7375 元
点差费：0. 36 * 100 * 5 = 180 元
手续费：（295 + 360）* 100 * 5 * 0. 0007 = 229 元
延期费：295 * 100 * 5 * 0. 0001 * 57（持仓天数）= 840 元
实际盈亏：（360 - 295）* 100 * 5 - 180 - 229 - 840 = 31251 元
合计盈利：31251 元</td></tr>
<tr><td rowspan="2">波段 2
（失败）
5. 29—6. 1</td><td colspan="2">1. 由于 5 月 28 日蓝线下穿红线，出现死叉，并且出现向下的箭头及波段 S 点，上涨波段结束，说明下跌波段确立。
2. 于是在 5 月 29 日，逢高在 360 左右把多单止赢的同时，反手做了东南油 100 桶的空单 5 手。
3. 这 5 手空单不设止损止赢。
4. 这 5 手空单在当日收盘时，结果又出现蓝线上穿红线，并且出现了向上的箭头及波段 B，因此，上涨趋势确立。于是在第二根 K 线，也就是第二天 6 月 1 日，逢低把东南油在 360 建仓的 100 桶空单 5 手，在 362 全部止损。
5. 这个波段的操作是失败的。</td></tr>
<tr><td>计算公式</td><td>实际盈亏 = （卖出价 - 买入价）* 交易单位 * 手数 - 手续费 - 点差 - 延期费</td></tr>
</table>

续表

<table>
<tr><td>波段 2
（失败）
5. 29—6. 1</td><td>实际盈亏
（－1450 元）</td><td>交易保证金：360＊100＊5＊5％ ＝9000 元
点差费：0. 36＊100＊5＝180 元
手续费：（362＋360）＊100＊5＊0. 0007＝252 元
延期费：360＊100＊5＊0. 0001＊1（持仓天数）＝18 元
实际盈亏：（360 － 362）＊ 100 ＊ 5 － 180 － 252 － 18 ＝ －1450 元
合计盈利：－1450 元</td></tr>
<tr><td rowspan="3">波段 3
（失败）
6. 1—6. 9</td><td colspan="2">1. 由于在 5 月 29 日下跌波段结束，蓝线上穿红线，并且出现了向上的箭头及波段 B，因此上涨趋势确立，于是在第二根 K 线，也就是第二天 6 月 1 日，逢低在 362 建仓东南油 100 桶多单 5 手。
2. 这 5 手多单不设止损止赢。
3. 这 5 手多单一直持有到 6 月 8 日，蓝线下穿红线出现死叉，并且出现向下的箭头及波段 S 点，上涨波段结束，因此在第二天，也就是 6 月 9 日逢高在 355 止损多单。
4. 这个波段的操作是失败的。</td></tr>
<tr><td>计算公式</td><td>实际盈亏＝（卖出价－买入价）＊交易单位＊手数－手续费－点差－延期费</td></tr>
<tr><td>实际盈亏
（－4074 元）</td><td>交易保证金：362＊100＊5＊5％ ＝9050 元
点差费：0. 36＊100＊5＝180 元
手续费：（362＋355）＊100＊5＊0. 0007＝250 元
延期费：362＊100＊5＊0. 0001＊8（持仓天数） ＝144 元
实际盈亏： （355 － 362）＊ 100 ＊ 5 － 180 － 250 － 144 ＝ －4074 元
合计盈利：－4074 元</td></tr>
</table>

续表

<table>
<tr><td rowspan="3">波段 4
（失败）
6. 9—6. 10</td><td colspan="2">1. 由于 6 月 8 日蓝线下穿红线，出现死叉，并且出现向下的箭头及波段 S 点，上涨波段结束，说明下跌波段确立。
2. 于是在 6 月 9 日逢高在 355 左右把多单止损的同时，反手做了东南油 100 桶的空单 5 手。
3. 这 5 手空单不设止损止赢。
4. 这 5 手空单在收盘时，结果又出现蓝线上穿红线，并且出现了向上的箭头及波段 B。因此，上涨趋势确立。于是在第二根 K 线，也就是第二天 6 月 10 日，逢低把东南油在 355 建仓的 100 桶空单 5 手，在 367 全部止损。
5. 这个波段的操作是失败的。</td></tr>
<tr><td>计算公式</td><td>实际盈亏 = （卖出价 − 买入价）* 交易单位 * 手数 − 手续费 − 点差 − 延期费</td></tr>
<tr><td>实际盈亏
（−6449 元）</td><td>交易保证金：355 * 100 * 5 * 5% = 8875 元
点差费：0. 36 * 100 * 5 = 180 元
手续费：（355 + 367）* 100 * 5 * 0. 0007 = 252 元
延期费：355 * 100 * 5 * 0. 0001 * 1 （持仓天数）= 17 元
实际盈亏：（355 − 367）* 100 * 5 − 180 − 252 − 17 = −6449 元
合计盈利：−6449 元</td></tr>
<tr><td>波段 5
（失败）
6. 10—6. 29</td><td colspan="2">1. 由于在 6 月 9 日下跌波段结束，蓝线上穿红线，并且出现了向上的箭头及波段 B，因此上涨趋势确立。于是在第二根 K 线，也就是第二天 6 月 10 日，逢低在 367 建仓东南油 100 桶多单 5 手。
2. 这 5 手多单不设止损止赢。
3. 这 5 手多单一直到 6 月 29 日，出现蓝线下穿红线，出现死叉，并且出现向下的箭头及波段 S 点，上涨波段结束。因此在第二天，也就是 6 月 30 日逢高在 360 止损多单。
4. 这个波段的操作是失败的。</td></tr>
</table>

续表

<table>
<tr><td rowspan="2">波段 5
（失败）
6. 10—6. 29</td><td>计算公式</td><td>实际盈亏 = （卖出价 - 买入价）* 交易单位 * 手数 - 手续费 - 点差 - 延期费</td></tr>
<tr><td>实际盈亏
（-4282 元）</td><td>交易保证金：367 * 100 * 5 * 5% = 9175 元
点差费：0. 36 * 100 * 5 = 180 元
手续费：（367 + 360）* 100 * 5 * 0. 0007 = 254 元
延期费：367 * 100 * 5 * 0. 0001 * 19（持仓天数）= 348 元
实际盈亏：（360 - 367）* 100 * 5 - 180 - 254 - 348 = -4282 元
合计盈利：-4282 元</td></tr>
<tr><td rowspan="3">波段 6
（成功）
6. 30—9. 1</td><td colspan="2">1. 由于 6 月 29 日蓝线下穿红线出现死叉，并且出现向下的箭头及波段 S 点，上涨波段结束，说明下跌波段确立。
2. 于是在 6 月 30 日逢高在 360 左右把多单止损的同时，反手做了东南油 100 桶的空单 5 手。
3. 这 5 手空单不设止损止赢。
4. 这 5 手空单一直持有到 8 月 31 日，出现蓝线上穿红线，并且出现了向上的箭头及波段 B，因此上涨趋势确立。于是在第二根 K 线，也就是第二天 9 月 1 日，逢低把东南油在 360 建仓的 100 桶空单 5 手，在 290 全部止赢。
5. 这个波段的操作是成功的。</td></tr>
<tr><td>计算公式</td><td>实际盈亏 = （卖出价 - 买入价）* 交易单位 * 手数 - 手续费 - 点差 - 延期费</td></tr>
<tr><td>实际盈亏
（33513 元）</td><td>交易保证金：360 * 100 * 5 * 5% = 9000 元
点差费：0. 36 * 100 * 5 = 180 元
手续费：（360 + 290）* 100 * 5 * 0. 0007 = 227 元
延期费：360 * 100 * 5 * 0. 0001 * 60（持仓天数）= 1080 元
实际盈亏：（360 - 290）* 100 * 5 - 180 - 227 - 1080 = 33513 元
合计盈利：33513 元</td></tr>
</table>

续表

本案例小结	1. 这次操作从3月27日到9月1日，共5个多月，操作了6个波段，其中4个波段是失败的，2个波段是成功的。 2. 失败的四个波段：波段2赔1450元，波段3赔4074元，波段4赔6449元，波段5赔4282元。 总亏损：16255元。 3. 2个成功的波段实现了大赚：波段1赚31251元，波段6赚33513元。 总盈利：64764元。 4. 这5个多月的操作总投入3万元，净利润：64764 - 16255 = 48509元。 5. 从这个案例当中我们发现，失败的波段都是小赔，而成功的波段都是大赚，因此最终实现了盈利，并且实现了翻倍。 6. 失败了4次才赔16255元，但是成功2次就赚64764元，这说明成功率与收益不成正比，我们可以用几次小赔来搏取一次或几次大赚。 7. 在这个市场能不能赚钱，不是看你的成功率，而是看你是否能到赚大赔小。 8. 只要严格按信号进出，就可以实现赚大赔小，你的延期费付出的越多，你的赢利就越大，因此，波段操作不要太在意延期费。

二、日线实战案例2（2015年9月1日至2016年3月10日）

实战案例说明	本案例是从2015年9月1日至2016年3月10日，以东南油日线为例，利用我们的赚大赔小交易模型，为大家讲解。本案例共有5个波段，其中1、2、3这三个波段都是失败的波段，4、5这两个是成功的波段。下面以3万资金，建仓东南油100桶5手的仓位，给大家具体分析。

续表

<table>
<tr><td>实战图示</td><td colspan="2">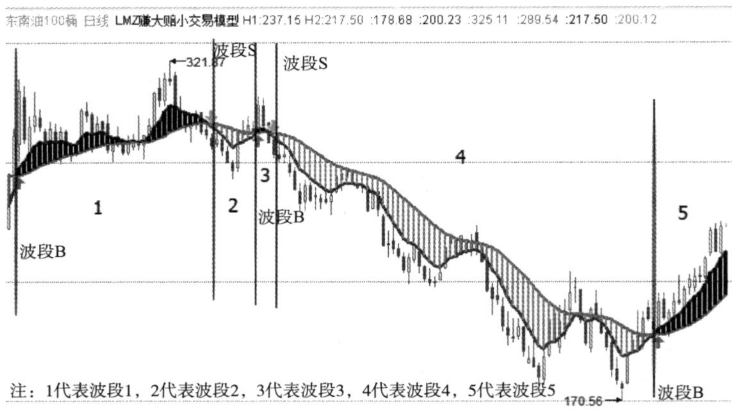
</td></tr>
<tr><td rowspan="3">波段 1
（失败）
9. 1—10. 22</td><td colspan="2">1. 由于在 8 月 31 日下跌波段结束，蓝线上穿红线，并且出现了向上的箭头及波段 B，因此上涨趋势确立。于是在第二根 K 线，也就是第二天 9 月 1 日，逢低在 290 建仓东南油 100 桶，多单 5 手。
2. 这 5 手多单不设止损止赢。
3. 这 5 手多单一直到 10 月 21 日，出现蓝线下穿红线出现死叉，并且出现向下的箭头及波段 S 点，上涨波段结束。因此在第二天，也就是 10 月 22 日逢高在 290 止损多单。
4. 这个波段的操作是失败的。</td></tr>
<tr><td>计算公式</td><td>实际盈亏 =（卖出价 − 买入价）* 交易单位 * 手数 − 手续费 − 点差 − 延期费</td></tr>
<tr><td>实际盈亏
（−1180 元）</td><td>交易保证金：290 * 100 * 5 * 5% = 7250 元
点差费：0. 36 * 100 * 5 = 180 元
手续费：（290 + 290）* 100 * 5 * 0. 0007 = 203 元
延期费：290 * 100 * 5 * 0. 0001 * 55（持仓天数）= 797 元
实际盈亏：（290 − 290）* 100 * 5 − 180 − 203 − 797 = −1180 元
合计盈利：−1180 元</td></tr>
</table>

续表

<table>
<tr><td rowspan="3">波段 2
（失败）
10.23—11.3</td><td colspan="2">1. 由于 10 月 21 日蓝线下穿红线出现死叉，并且出现向下的箭头及波段 S 点，上涨波段结束，说明下跌波段确立。
2. 于是在 10 月 22 日，逢高在 290 左右把多单止损的同时，反手在 290 做了东南油 100 桶的空单 5 手。
3. 这 5 手空单不设止损止赢。
4. 这 5 手空单一直持有到 11 月 3 日，出现蓝线上穿红线，并且出现了向上的箭头及波段 B，因此上涨趋势确立。于是在第二根 K 线，也就是第二天 11 月 4 日，逢低把在东南油 290 建仓的 100 桶空单 5 手，在 293 全部止损。
5. 这个波段的操作是失败的。</td></tr>
<tr><td>计算公式</td><td>实际盈亏 = （卖出价 - 买入价）* 交易单位 * 手数 - 手续费 - 点差 - 延期费</td></tr>
<tr><td>实际盈亏
（-2058 元）</td><td>交易保证金：290 * 100 * 5 * 5% = 7250 元
点差费：0.36 * 100 * 5 = 180 元
手续费：（290 + 293）* 100 * 5 * 0.0007 = 204 元
延期费：290 * 100 * 5 * 0.0001 * 12（持仓天数）= 174 元
实际盈亏：（290 - 293）* 100 * 5 - 180 - 204 - 174 = -2058 元
合计盈利：-2058 元</td></tr>
<tr><td rowspan="2">波段 3
（失败）
11.4—11.9</td><td colspan="2">1. 由于在 11 月 3 日下跌波段结束，蓝线上穿红线，并且出现了向上的箭头及波段 B，因此上涨趋势确立。于是在第二根 K 线，也就是第二天 11 月 4 日，逢低在 293 建仓东南 100 桶多单 5 手。
2. 这 5 手多单不设止损止赢。
3. 这 5 手多单一直到 11 月 8 日，蓝线下穿红线出现死叉，并且出现向下的箭头及波段 S 点，上涨波段结束。因此在第二天，也就是 11 月 9 日逢高在 285 止损多单。
4. 这个波段的操作是失败的。</td></tr>
<tr><td>计算公式</td><td>实际盈亏 = （卖出价 - 买入价）* 交易单位 * 手数 - 手续费 - 点差 - 延期费</td></tr>
</table>

续表

<table>
<tr><td rowspan="1">波段 3
（失败）
11. 4—11. 9</td><td>实际盈亏
（ –4457 元）</td><td>交易保证金：293 * 100 * 5 * 5% =7325 元
点差费：0. 36 * 100 * 5 = 180 元
手续费：（293 + 285）* 100 * 5 * 0. 0007 = 202 元
延期费：293 * 100 * 5 * 0. 0001 * 5 （持仓天数）= 73 元
实际盈亏：（285 – 293）* 100 * 5 – 180 – 204 – 73 = –4457 元
合计盈利：–4457 元</td></tr>
<tr><td rowspan="3">波段 4
（成功）
11. 9—2. 22</td><td colspan="2">1. 由于 11 月 8 日蓝线下穿红线出现死叉，并且出现向下的箭头及波段 S 点，上涨波段结束，说明下跌波段确立。
2. 于是在 11 月 9 日，逢高在 285 把多单止损的同时，反手做了东南油 100 桶的空单 5 手。
3. 这 5 手空单不设止损止赢。
4. 这 5 手空单一直持有到 2016 年 2 月 22 日，出现蓝线上穿红线，并且出现了向上的箭头及波段 B，因此上涨趋势确立。于是在第二根 K 线，也就是第二天 2 月 23 日，逢低把东南油在 285 建仓的 100 桶空单 5 手，在 205 全部止赢。
5. 这个波段的操作是成功的。</td></tr>
<tr><td>计算公式</td><td>实际盈亏 = （卖出价 – 买入价）* 交易单位 * 手数 – 手续费 – 点差 – 延期费</td></tr>
<tr><td>实际盈亏
（38481 元）</td><td>交易保证金：285 * 100 * 5 * 5% =7125 元
点差费：0. 36 * 100 * 5 = 180 元
手续费：（285 + 205）* 100 * 5 * 0. 0007 = 171 元
延期费：285 * 100 * 5 * 0. 0001 * 82 （持仓天数）= 1168 元
实际盈亏：（285 – 205）* 100 * 5 – 180 – 171 – 1168 = 38481 元
合计盈利：38481 元</td></tr>
<tr><td>波段 5
（成功）
2. 23—3. 10</td><td colspan="2">1. 由于在 2 月 22 日下跌波段结束，蓝线上穿红线，并且出现了向上的箭头及波段 B，因此上涨趋势确立。于是在第二根 K 线，也就是第二天 2 月 23 日，逢低在 205 建仓东南油 100 桶多单 5 手。
2. 这 5 手多单不设止损止赢。
3. 这 5 手多单一直持有到（笔者总结案例的）3 月 10 日。
4. 从现在来看，这个波段是成功的。</td></tr>
</table>

续表

<table>
<tr><td rowspan="2">波段 5
（成功）
2. 23—3. 10</td><td>计算公式</td><td>实际盈亏 = （卖出价 - 买入价）* 交易单位 * 手数 - 手续费 - 点差 - 延期费</td></tr>
<tr><td>实际盈亏
（20478 元）</td><td>交易保证金：205 * 100 * 5 * 5% = 5125 元
点差费：0. 36 * 100 * 5 = 180 元
手续费：（205 + 247）* 100 * 5 * 0. 0007 = 158 元
延期费：205 * 100 * 5 * 0. 0001 * 18（持仓天数）= 184 元
实际盈亏：（247 - 205）* 100 * 5 - 180 - 158 - 184 = 20478 元
合计盈利：20478 元</td></tr>
<tr><td>本案例
小结</td><td colspan="2">1. 这次操作从 2015 年 9 月 1 日到 2016 年 3 月 10 日，共 6 个多月，操作了 5 个波段，其中 3 个波段是失败的，2 个波段是成功的。
2. 失败的 3 个波段：波段 1 赔 1180 元，波段 2 赔 2058 元，波段 3 赔 4457 元。
总亏损：7695 元。
3. 2 个成功的波段实现了大赚：波段 4 赚 38481 元，波段 5 赚 20478 元。
总盈利：58960 元。
4. 这 6 个月的操作总投入 3 万元，净利润：58960 - 7695 = 51265 元。
5. 通过 6 个月的连续交易我们投入 3 万，利润还是翻倍的，并且我们少支付了手续费和点差，延期费虽多支付了很多，但这与我们的盈利相比还是少很多。
6. 两个案例总共做了 11 个波段，成功 4 次，失败 7 次，但是还赚了 10 万元左右，有三倍的收益。这就是赚大赔小交易模型的厉害。
7. 大家在看到这个方法好的同时，也要看到这个方法的难点：你能不能坚持按交易信号完全去执行，你能不能克服盘面的波动及周围环境的影响而去改变你的交易策略。这是成功的关键，也是需要你努力去坚持的地方。</td></tr>
</table>

投资提示

1. 通过日线赚大赔小交易模型进行交易的确可以让大家实现赚大赔小，并且日线交易可以让我们少支付大量的手续费和点差，让我们远离日内短线的反复操作。

2. 日线使用赚大赔小交易模型最难的地方：**要持仓一到两个月或者更长的时间，你能坚持得了吗？坚持到最后的才是胜利者。**

3. 日线波段操作，不要太在意延期费的多少，延期费越多，你就赚得越多。

4. **在所有周期当中，日线赚大赔小交易模型收益最大，是最可靠的，也是最难坚持的。如果你克服这一关，你一定会取得成功。**

5. 日线波段操作，在一年当中也就操作十几次，最多不到20次，特别适合上班同时又搞投资的朋友。

6. 日线波段操作，在遇到单日大跌时可能会让你损失较大，但是这种概率较低，1～2年才会发生一次。

7. **成功率与收益不成正比。在这个市场上你能不能赚钱，关键是你能不能做到赚大赔小。**上面的案例再次告诉我们：用1年的时间操作了11个波段，其中7个是错的，4个是对的，但是我们资金翻了3倍。这就说明：**成功率与收益不成正比。**

投资格言

假如你涉入自己不懂的事物，那你永远不会成功。假如你对自己不了解的东西下注，这不是在投资，这叫赌博。

——罗杰斯

第二节　480 分钟级别的赚大赔小交易模型实战案例分析

时间：2015 年 12 月 1 日至 2016 年 3 月 14 日

<table>
<tr><td>实战案例说明</td><td>本案例是从 2015 年 12 月 1 日 14：00 至 2016 年 3 月 14 日的 480 分钟东南油交易案例，笔者利用赚大赔小交易模型为大家讲解。总共有 8 个波段，其中 4 个波段成功，4 个波段失败，下面以 3 万资金建仓东南油 100 桶 5 手的仓位，给大家具体分析。</td></tr>
<tr><td>实战图示</td><td>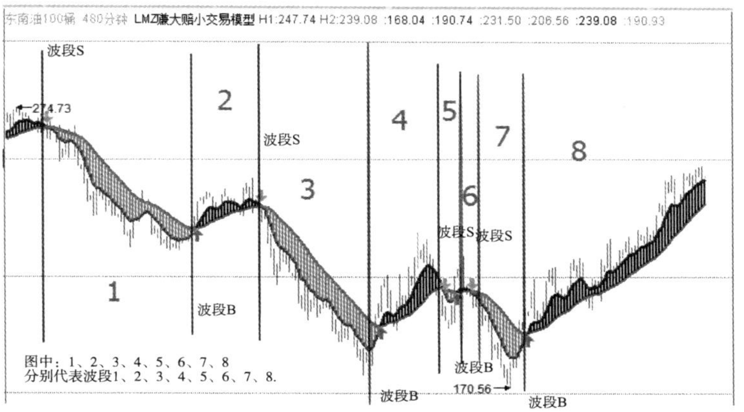
</td></tr>
</table>

续表

<table>
<tr><td rowspan="3">波段 1
（成功）
12. 1—12. 23</td><td colspan="2">1. 由于2015年12月1日14：00蓝线下穿红线出现死叉，并且出现向下的箭头及波段S点，上涨波段结束，说明下跌波段确立。
2. 于是在12月1日晚上22：00以后，逢高在266左右多单止赢的同时，反手做了东南油100桶的空单5手。
3. 这5手空单不设止损止赢。
4. 这5手空单一直持有到12月23日22：00，出现蓝线上穿红线，并且出现了向上的箭头及波段B，因此上涨趋势确立。于是在第二根K线，也就是22：00以后，逢低把在266建仓的100桶空单5手，在238全部止赢。
5. 这个波段的操作是成功的。</td></tr>
<tr><td>计算公式</td><td>实际盈亏 =（卖出价 − 买入价）* 交易单位 * 手数 − 手续费 − 点差 − 延期费</td></tr>
<tr><td>实际盈亏
（13339元）</td><td>交易保证金：266 * 100 * 5 * 5% = 6650元
点差费：0. 36 * 100 * 5 = 180元
手续费：（266 + 238）* 100 * 5 * 0. 0007 = 176元
延期费：266 * 100 * 5 * 0. 0001 * 23（持仓天数）= 305元
实际盈亏：（266 − 238）* 100 * 5 − 180 − 176 − 305 = 13339元
合计盈利：13339元</td></tr>
<tr><td rowspan="2">波段 2
（失败）
12. 23—1. 6</td><td colspan="2">1. 由于在12月23日22：00以后下跌波段结束，蓝线上穿红线，并且出现了向上的箭头及波段B，因此上涨趋势确立，于是在第二根K线，也就12月24日07：00以后，逢低在238建仓东南油100桶多单5手。
2. 这5手多单不设止损止赢。
3. 这5手多单一直到1月5日22：00，蓝线下穿红线出现死叉，并且出现向下的箭头及波段S点，上涨波段结束，因此在第二根K线，也就是1月6日07：00逢高在235止损多单。
4. 这个波段的操作是失败的。</td></tr>
<tr><td>计算公式</td><td>实际盈亏 =（卖出价 − 买入价）* 交易单位 * 手数 − 手续费 − 点差 − 延期费</td></tr>
</table>

续表

<table>
<tr>
<td>波段 2
（失败）
12.23—1.6</td>
<td>实际盈亏
（-2023 元）</td>
<td>交易保证金：238 * 100 * 5 * 5% = 5950 元
点差费：0.36 * 100 * 5 = 180 元
手续费：（238 + 235）* 100 * 5 * 0.0007 = 165 元
延期费：238 * 100 * 5 * 0.0001 * 15（持仓天数）= 178 元
实际盈亏：（235 - 238）* 100 * 5 - 180 - 165 - 178 = -2023 元
合计盈利：-2023 元</td>
</tr>
<tr>
<td rowspan="3">波段 3
（成功）
1.6—1.23</td>
<td colspan="2">1. 由于 1 月 5 日 22：00 蓝线下穿红线出现死叉，并且出现向下的箭头及波段 S 点，上涨波段结束，说明下跌波段确立。
2. 于是在 1 月 6 日 07：00 逢高在 235 左右把多单止损的同时，反手做了东南油 100 桶的空单 5 手。
3. 这 5 手空单不设止损止赢。
4. 这 5 手空单一直持有到 1 月 22 日 22：00 后蓝线上穿红线，并且出现了向上的箭头及波段 B，因此上涨趋势确立，于是在第二根 K 线，也就是第二天 1 月 23 日 07：00 以后，逢低把在 235 建仓的 100 桶东南油空单 5 手，在 206 全部止赢。
5. 这个波段的操作是成功的。</td>
</tr>
<tr>
<td>计算公式</td>
<td>实际盈亏 =（卖出价 - 买入价）* 交易单位 * 手数 - 手续费 - 点差 - 延期费</td>
</tr>
<tr>
<td>实际盈亏
（13967 元）</td>
<td>交易保证金：235 * 100 * 5 * 5% = 5875 元
点差费：0.36 * 100 * 5 = 180 元
手续费：（235 + 206）* 100 * 5 * 0.0007 = 154 元
延期费：235 * 100 * 5 * 0.0001 * 17（持仓天数）= 199 元
实际盈亏：（235 - 206）* 100 * 5 - 180 - 154 - 199 = 13967 元
合计盈利：13967 元</td>
</tr>
</table>

续表

<table>
<tr><td rowspan="3">波段 4
（失败）
1. 23—2. 2</td><td colspan="2">1. 由于在 1 月 22 日 22：00 下跌波段结束，蓝线上穿红线，并且出现了向上的箭头及波段 B，因此上涨趋势确立。于是在第二根 K 线，也就是第二天 1 月 23 日 07：00，逢低在 206 建仓东南油 100 桶多单 5 手。
2. 这 5 手多单不设止损止赢。
3. 这 5 手多单一直到 2 月 2 日 22：00，蓝线下穿红线出现死叉，并且出现向下的箭头及波段 S 点，上涨波段结束。因此在第二天，也就是 2 月 3 日 07：00 逢高在 197 止损多单。
4. 这个波段的操作是失败的。</td></tr>
<tr><td>计算公式</td><td>实际盈亏 = （卖出价 - 买入价）* 交易单位 * 手数 - 手续费 - 点差 - 延期费</td></tr>
<tr><td>实际盈亏
（-4924 元）</td><td>交易保证金：206 * 100 * 5 * 5% = 5150 元
点差费：0. 36 * 100 * 5 = 180 元
手续费：（206 + 197）* 100 * 5 * 0. 0007 = 141 元
延期费：206 * 100 * 5 * 0. 0001 * 10（持仓天数）= 103 元
实际盈亏：（197 - 206）* 100 * 5 - 180 - 141 - 103 = -4924 元
合计盈利：-4924 元</td></tr>
<tr><td rowspan="2">波段 5
（失败）
2. 2—2. 4</td><td colspan="2">1. 由于 2 月 2 日 22：00 蓝线下穿红线出现死叉，并且出现向下的箭头及波段 S 点，上涨波段结束，说明下跌波段确立。
2. 于是在 2 月 3 日 07：00 逢高在 197 把多单止损的同时，反手做了东南油 100 桶的空单 5 手。
3. 这 5 手空单不设止损止赢。
4. 这 5 手空单一直持有到 2 月 4 日 07：00 蓝线上穿红线，并且出现了向上的箭头及波段 B，因此上涨趋势确立。于是在第二根 K 线，2 月 4 日 14：00，把在 197 建仓的 100 桶东南油空单 5 手，在 210 全部止损。
5. 这个波段的操作是失败的。</td></tr>
<tr><td>计算公式</td><td>实际盈亏 = （卖出价 - 买入价）* 交易单位 * 手数 - 手续费 - 点差 - 延期费</td></tr>
</table>

续表

<table>
<tr><td>波段 5
（失败）
2. 2—2. 4</td><td>实际盈亏
（－6831 元）</td><td>交易保证金：197＊100＊5＊5％ ＝4925 元
点差费：0. 36＊100＊5＝180 元
手续费：（197＋210）＊100＊5＊0. 0007＝142 元
延期费：197＊100＊5＊0. 0001＊1（持仓天数）＝9 元
实际盈亏：（197 －210）＊100＊5 －180 －142 －9 ＝ －6831 元
合计盈利：－6831 元</td></tr>
<tr><td rowspan="3">波段 6
（失败）
2. 4—2. 8</td><td colspan="2">1. 由于在 2 月 4 日 07：00 下跌波段结束，蓝线上穿红线，并且出现了向上的箭头及波段 B，因此上涨趋势确立。于是在第二根 K 线，也就是 2 月 4 日 14：00，逢低在 210 建仓东南油 100 桶多单 5 手。
2. 这 5 手多单不设止损止赢。
3. 这 5 手多单一直到 2 月 5 日 22：00，蓝线下穿红线出现死叉，并且出现向下的箭头及波段 S 点，上涨波段结束。2 月 8 日 08：00 逢高在 204 止损多单。
4. 这个波段的操作是失败的。</td></tr>
<tr><td>计算公式</td><td>实际盈亏＝（卖出价－买入价）＊交易单位＊手数－手续费－点差－延期费</td></tr>
<tr><td>实际盈亏
（－3364 元）</td><td>交易保证金：210＊100＊5＊5％ ＝5250 元
点差费：0. 36＊100＊5＝180 元
手续费：（210＋204）＊100＊5＊0. 0007＝144 元
延期费：210＊100＊5＊0. 0001＊4（持仓天数）＝40 元
实际盈亏：（204 －210）＊100＊5 －180 －144 －40 ＝ －3364 元
合计盈利：－3364 元</td></tr>
<tr><td>波段 7
（成功）
2. 5—2. 15</td><td colspan="2">1. 由于 2 月 5 日 22：00 蓝线下穿红线出现死叉，并且出现向下的箭头及波段 S 点，上涨波段结束，说明下跌波段确立。
2. 于是在 2 月 8 日 08：00 逢高在 204 把多单止损的同时，反手做了东南油 100 桶的空单 5 手。
3. 这 5 手空单不设止损止赢。
4. 这 5 手空单一直持有到 2 月 15 日 22：00 蓝线上穿红线，并且出现了向上的箭头及波段 B，因此上涨趋势确立，于是在第二根 K 线，2 月 16 日 07：00，逢低把东南油在 204 建仓的 100 桶空单 5 手，在 197 全部止赢。
5. 这个波段的操作是成功的。</td></tr>
</table>

续表

<table>
<tr><td rowspan="2">波段 7
（成功）
2. 5—2. 15</td><td>计算公式</td><td>实际盈亏 = （卖出价 - 买入价）* 交易单位 * 手数 - 手续费 - 点差 - 延期费</td></tr>
<tr><td>实际盈亏
（3076 元）</td><td>交易保证金：204 * 100 * 5 * 5% =5100 元
点差费：0. 36 * 100 * 5 = 180 元
手续费：（204 + 197）* 100 * 5 * 0. 0007 = 140 元
延期费：204 * 100 * 5 * 0. 0001 * 10（持仓天数）= 102 元
实际盈亏：（204 - 197）* 100 * 5 - 180 - 142 - 102 = 3076 元
合计盈利：3076 元</td></tr>
<tr><td rowspan="3">波段 8
（成功）
2. 15—3. 14</td><td colspan="2">1. 由于在 2 月 15 日 22：00 下跌波段结束，蓝线上穿红线，并且出现了向上的箭头及波段 B，因此上涨趋势确立。于是在第二根 K 线，也就是 2 月 16 日 07：00，逢低在 197 建仓东南油 100 桶多单 5 手。
2. 这 5 手多单不设止损止赢。
3. 这 5 手多单一直到 3 月 14 日还没有出现平仓信号，因此多单还在持有，以当时的 245 计算。
4. 这个波段的操作是成功的。</td></tr>
<tr><td>计算公式</td><td>实际盈亏 = （卖出价 - 买入价）* 交易单位 * 手数 - 手续费 - 点差 - 延期费</td></tr>
<tr><td>实际盈亏
（23371 元）</td><td>交易保证金：197 * 100 * 5 * 5% =4925 元
点差费：0. 36 * 100 * 5 = 180 元
手续费：（197 + 245）* 100 * 5 * 0. 0007 = 154 元
延期费：197 * 100 * 5 * 0. 0001 * 30（持仓天数）= 295 元
实际盈亏：（245 - 197）* 100 * 5 - 180 - 154 - 295 = 23371 元
合计盈利：23371 元</td></tr>
<tr><td>本案例
小结</td><td colspan="2">1. 这次操作从 2015 年 12 月 1 日到 2016 年 3 月 14 日，将近 4 个月的时间，操作了 480 分钟中的 8 个波段，其中 4 个波段是失败的，4 个波段是成功的。</td></tr>
</table>

续表

本案例小结	2. 失败的四个波段：波段 2 赔 2023 元，波段 4 赔 4924 元，波段 5 赔 6831 元，波段 6 赔 3364 元。 总亏损：17142 元。 3. 4 个成功的波段实现了大赚：波段 1 赚 13339 元，波段 3 赚 13967 元，波段 7 赚 3076 元，波段 8 赚 23371 元。 总盈利：53753 元。 4. 这 3 个多月的操作总投入 3 万元，净利润：53753 － 17142 = 36611 元。 5. 从 480 分钟这 8 个波段当中我们发现，失败的 4 个波段都是小赔，最大的赔 7000 元左右，而成功的 4 个波段中，3 个波段都是大赚，只有 1 个波段是小赚。因此，在 480 分钟的短周期当中，再次证明这个交易模型可以实现赚大赔小。 6. 在 480 分钟的周期里，用赚大赔小交易模型，比日线的交易次数明显要多，共 16 次操作，支出的手续费和点差要多一点，但是与日内的短线操作相比，还是少支出一些手续费和点差。 7. 480 分钟的周期当中，失败的次数在增多，成功的次数在减少，但是仍然可以实现赚大赔小，错的时候永远是小赔，但市场有单边机会时，永远是大赚。

投资提示

1. 通过实践证明 480 分钟的连续交易仍然可以实现赚大赔小。

2. 480 分钟的连续交易次数在增多，成功率在降低，但是仍然可以实现赚大赔小，说明成功率与赚大赔小没有直接关系。

3. 赚大赔小的交易模型适合于日线和 480 分钟周期，投资者可以根据自己的喜好来选择。

4. 由于 480 分钟周期相对于日线较短，连续出错概率在加大，可能会给投资者造成较大的心理压力，特别是连续赔钱的时候。

5. 480 分钟周期再次证明：**成功率与收益不成正比，在这个市场上你能不能赚钱，关键是看你能不能做到赚大赔小，而不是看你的成功率。**

投资格言

投资的法则之一是袖手不管，除非真有重大事情发生。大部分的投资人总喜欢进进出出，找些事情做。他们可能会说“看看我有多高明，又赚了 3 倍”，然后他们又去做别的事情，他们就是没有办法坐下来等待大势的自然发展。

——罗杰斯

第三节　240分钟级别的赚大赔小交易模型实战案例分析

时间：2016年1月5日至2016年2月25日

实战案例说明	本案例是从2016年1月5日14：00至2016年2月25日的240分钟东南油交易案例，笔者利用赚大赔小交易模型为大家讲解。本案例总共有7个波段，其中5个波段成功，2个波段失败，下面以3万元操作东南油100桶5手的仓位标准，给大家具体分析。
实战图示	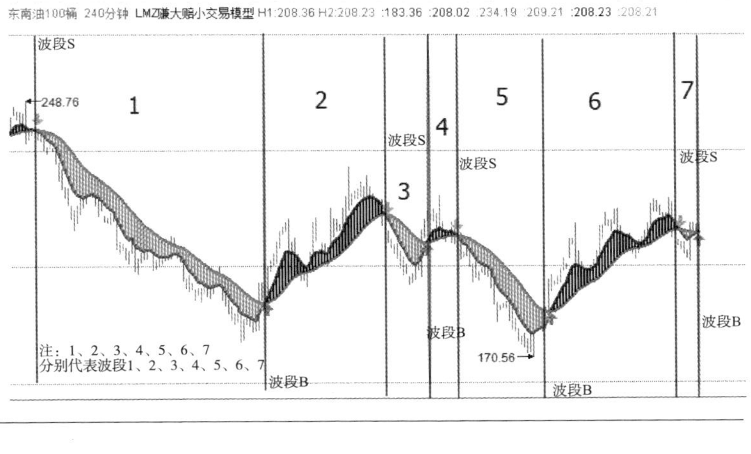

续表

<table>
<tr><td rowspan="3">波段 1
（成功）
1. 5—1. 22</td><td colspan="2">1. 由于 2016 年 1 月 5 日 14：00 蓝线下穿红线出现死叉，并且出现向下的箭头及波段 S 点，上涨波段结束，说明下跌波段确立。
2. 于是在 1 月 5 日 18：00 以后逢高在 238 左右多单止赢的同时，反手做了东南油 100 桶的空单 5 手。
3. 这 5 手空单不设止损止赢。
4. 这 5 手空单一直持有到 1 月 22 日 07：00 出现蓝线上穿红线，并且出现了向上的箭头及波段 B，因此上涨趋势确立，于是在第二根 K 线，也就是 14：00 以后，逢低把在 238 建仓的 100 桶空单 5 手，在 197 全部止赢。
5. 这个波段的操作是成功的。</td></tr>
<tr><td>计算公式</td><td>实际盈亏 = （卖出价 - 买入价）* 交易单位 * 手数 - 手续费 - 点差 - 延期费</td></tr>
<tr><td>实际盈亏
（19966 元）</td><td>交易保证金：238 * 100 * 5 * 5% = 5950 元
点差费：0. 36 * 100 * 5 = 180 元
手续费：（238 + 197）* 100 * 5 * 0. 0007 = 152 元
延期费：238 * 100 * 5 * 0. 0001 * 17（持仓天数）= 202 元
实际盈亏：（238 - 197）* 100 * 5 - 180 - 152 - 202 = 19966 元
合计盈利：19966 元</td></tr>
<tr><td rowspan="2">波段 2
（成功）
1. 22—2. 2</td><td colspan="2">1. 由于在 1 月 22 日 07：00 以后下跌波段结束，蓝线上穿红色，并且出现了向上的箭头及波段 B，因此上涨趋势确立。于是在第二根 K 线，也就 1 月 22 日 14：00 以后，逢低在 197 建仓东南油 100 桶多单 5 手。
2. 这 5 手多单不设止损止赢。
3. 这 5 手多单一直到 2 月 2 日 02：00 以后，蓝线下穿红线出现死叉，并且出现向下的箭头及波段 S 点，上涨波段结束。因此在第二根 K 线，也就是 2 月 2 日 07：00 逢高在 207 止赢多单。
4. 这个波段的操作是成功的。</td></tr>
<tr><td>计算公式</td><td>实际盈亏 = （卖出价 - 买入价）* 交易单位 * 手数 - 手续费 - 点差 - 延期费</td></tr>
</table>

续表

<table>
<tr><td>波段 2
（成功）
1. 22—2. 2</td><td>实际盈亏
（4581 元）</td><td>交易保证金：197 * 100 * 5 * 5% =4925 元
点差费：0. 36 * 100 * 5 = 180 元
手续费：（197 +207）* 100 * 5 * 0. 0007 = 141 元
延期费：197 * 100 * 5 * 0. 0001 * 10（持仓天数）=98 元
实际盈亏：（207 -197）* 100 * 5 -180 -141 -98 =4581 元
合计盈利：4581 元</td></tr>
<tr><td rowspan="3">波段 3
（成功）
2. 2—2. 4</td><td colspan="2">1. 由于2 月2 日02：00 蓝线下穿红线出现死叉，并且出现向下的箭头及波段 S 点，上涨波段结束，说明下跌波段确立。
2. 于是在2 月2 日07：00 逢高在207 把多单止赢的同时，反手做了东南油100 桶的空单5 手。
3. 这5 手空单不设止损止赢。
4. 这5 手空单一直持有到2 月4 日07：00 后蓝线上穿红线，并且出现了向上的箭头及波段 B，因此上涨趋势确立。于是在第二根 K 线，也就是2 月4 日14：00 以后，逢低把在207 建仓的100 桶东南油空单5 手，在202 全部止赢。
5. 这个波段的操作是成功的。</td></tr>
<tr><td>计算公式</td><td>实际盈亏 = （卖出价 - 买入价）* 交易单位 * 手数 - 手续费 - 点差 - 延期费</td></tr>
<tr><td>实际盈亏
（2157 元）</td><td>交易保证金：207 * 100 * 5 * 5% =5175 元
点差费：0. 36 * 100 * 5 = 180 元
手续费：（207 +202）* 100 * 5 * 0. 0007 = 143 元
延期费：207 * 100 * 5 * 0. 0001 * 2（持仓天数）=20 元
实际盈亏：（207 -202）* 100 * 5 -180 -143 -20 =2157 元
合计盈利：2157 元</td></tr>
<tr><td>波段 4
（成功）
2. 4—2. 5</td><td colspan="2">1. 由于在2 月4 日07：00 下跌波段结束，蓝线上穿红线，并且出现了向上的箭头及波段 B，因此上涨趋势确立。于是在第二根 K 线，也就是2 月4 日14：00，逢低在202 建仓东南油100 桶多单5 手。
2. 这5 手多单不设止损止赢。
3. 这5 手多单一直到2 月5 日22：00，蓝线下穿红线出现死叉，并且出现向下的箭头及波段 S 点，上涨波段结束。2 月5 日02：00 逢高在207 止损多单。
4. 这个波段的操作是失败的。</td></tr>
</table>

续表

<table>
<tr><td rowspan="2">波段 4
（成功）
2. 4—2. 5</td><td>计算公式</td><td>实际盈亏 = （卖出价 - 买入价）* 交易单位 * 手数 - 手续费 - 点差 - 延期费</td></tr>
<tr><td>实际盈亏
（2167 元）</td><td>交易保证金：202 * 100 * 5 * 5% =5050 元
点差费：0. 36 * 100 * 5 = 180 元
手续费：（202 + 207）* 100 * 5 * 0. 0007 = 143 元
延期费：202 * 100 * 5 * 0. 0001 * 1 （持仓天数）= 10 元
实际盈亏：（207 - 202）* 100 * 5 - 180 - 143 - 10 = 2167 元
合计盈利：2167 元</td></tr>
<tr><td rowspan="3">波段 5
（成功）
2. 5—
2. 13</td><td colspan="2">1. 由于 2 月 5 日 22：00 蓝线下穿红线出现死叉，并且出现向下的箭头及波段 S 点，上涨波段结束，说明下跌波段确立。
2. 于是在 2 月 6 日 02：00 逢高在 207 左右把多单止损的同时，反手做了东南油 100 桶的空单 5 手。
3. 这 5 手空单不设止损止赢。
4. 这 5 手空单一直持有到 2 月 13 日 02：00 蓝线上穿红线，并且出现了向上的箭头及波段 B，因此上涨趋势确立。于是在第二根 K 线，2 月 13 日 07：00，逢低把在 207 建仓的 100 桶东南油空单 5 手，在 192 全部止赢。
5. 这个波段的操作是成功的。</td></tr>
<tr><td>计算公式</td><td>实际盈亏 = （卖出价 - 买入价）* 交易单位 * 手数 - 手续费 - 点差 - 延期费</td></tr>
<tr><td>实际盈亏
（7109 元）</td><td>交易保证金：207 * 100 * 5 * 5% =5175 元
点差费：0. 36 * 100 * 5 = 180 元
手续费：（207 + 192）* 100 * 5 * 0. 0007 = 139 元
延期费：207 * 100 * 5 * 0. 0001 * 7 （持仓天数）= 72 元
实际盈亏：（207 - 192）* 100 * 5 - 180 - 139 - 72 = 7109 元
合计盈利：7109 元</td></tr>
</table>

续表

<table>
<tr><td rowspan="3">波段 6
（成功）
2. 13—2. 24</td><td colspan="2">1. 由于在 2 月 13 日 02：00 下跌波段结束，蓝线上穿红线，并且出现了向上的箭头及波段 B，因此上涨趋势确立。于是在第二根 K 线，也就是 2 月 13 日 07：00，逢低在 192 建仓东南油 100 桶多单 5 手。
2. 这 5 手多单不设止损止赢。
3. 这 5 手多单一直到 2 月 24 日 10：00，蓝线下穿红线出现死叉，并且出现向下的箭头及波段 S 点，上涨波段结束。2 月 24 日 14：00 逢高在 205 止损多单。
4. 这个波段的操作是成功的。</td></tr>
<tr><td>计算公式</td><td>实际盈亏 =（卖出价 − 买入价）* 交易单位 * 手数 − 手续费 − 点差 − 延期费</td></tr>
<tr><td>实际盈亏
（6077 元）</td><td>交易保证金：192 * 100 * 5 * 5% = 4800 元
点差费：0. 36 * 100 * 5 = 180 元
手续费：（192 + 205）* 100 * 5 * 0. 0007 = 138 元
延期费：192 * 100 * 5 * 0. 0001 * 11（持仓天数）= 105 元
实际盈亏：（205 − 192）* 100 * 5 − 180 − 138 − 105 = 6077 元
合计盈利：6077 元</td></tr>
<tr><td rowspan="2">波段 7
（失败）
2. 24—2. 25</td><td colspan="2">1. 由于 2 月 24 日 10：00 蓝线下穿红线出现死叉，并且出现向下的箭头及波段 S 点，上涨波段结束，说明下跌波段确立。
2. 于是在 2 月 24 日 14：00 逢高在 205 把多单止赢的同时，反手做了东南油 100 桶的空单 5 手。
3. 这 5 手空单不设止损止赢。
4. 这 5 手空单一直持有到 2 月 25 日 10：00 蓝线上穿红线，并且出现了向上的箭头及波段 B，因此上涨趋势确立。于是在第二根 K 线，2 月 25 日 14：00，逢低把在 205 建仓的 100 桶东南油空单 5 手，在 208 全部止损。
5. 这个波段的操作是失败的。</td></tr>
<tr><td>计算公式</td><td>实际盈亏 =（卖出价 − 买入价）* 交易单位 * 手数 − 手续费 − 点差 − 延期费</td></tr>
</table>

续表

波段7 （失败） 2.24—2.25	实际盈亏 （-1834元）	交易保证金：205*100*5*5%=5125元 点差费：0.36*100*5=180元 手续费：（205+208）*100*5*0.0007=144元 延期费：205*100*5*0.0001*1（持仓天数）=10元 实际盈亏：（205-208）*100*5-180-144-10=-1834元 合计盈利：-1834元
本案例小结	1. 这次操作从2016年1月5日到2016年2月25日，差不多两个半月时间，在240分钟周期当中，共操作了7个波段，其中1个波段是失败的，6个波段是成功的。 2. 失败的1个波段：波段7赔1834元。 总亏损：1834元。 3. 6个成功的波段实现了大赚：波段1赚19966元，波段2赚4581元，波段3赚2157元，波段4赚2167元，波段5赚7109元，波段6赚6077元。 总盈利：42057元。 4. 这两个半月的操作总投入3万元，净利润：42057-1834=40223元。 5. 从240分钟7个波段操作当中我们发现，失败的1个波段是小赔，而成功的6个波段基本都是大赚。因此，240分钟的短周期交易再次证明这个交易模型可以实现赚大赔小。 6. 240分钟的周期比日线和480分钟的交易次数要多，两个半月有14次操作，会付出更多的手续费和点差，但是比日内的短线操作，还是要少很多。 7. 240分钟的周期当中，有时会连续出错，这个时候特别考验大家的执行能力及承受风险能力，如果你能挺过去，后面就是盈利。	

投资提示

1. 通过实践证明240分钟的连续交易仍然可以实现赚大赔小，也就是说日线、480分钟和240分钟都可以实现赚大赔小。

2. 240分钟的连续交易次数在增多，成功率在降低，但始终可以做到赚大赔小。

3. 日线和480分钟、240分钟说明一个道理：不管是哪个周期，只要你按信号操作，就可以赔小赚大，实现盈利。

4. 240分钟的连续出错，会在一个时段给我们造成损失，但是我们要坚持、坚持、再坚持。

5. 不管你选择什么周期，用什么样的方法操作，成功率与你的收益不成正比。

6. 在240分钟周期当中，大家会发现，有些建仓和平仓点位是00：00以后，这会给大家的休息造成一定的影响。

投资格言

市场走势时常会呈现长期的低迷不振。为了避免使资金陷入如一潭死水的市场中，你就应该等待能够改变市场走势的催化因素出现。

——罗杰斯

第四节　60 分钟级别的赚大赔小交易模型实战案例分析

时间：2016 年 3 月 9 日至 2016 年 3 月 18 日

实战案例说明	本案例是从 2016 年 3 月 9 日 19：00 至 2016 年 3 月 18 日的 60 分钟周期东南油交易案例，笔者利用赚大赔小交易模型为大家讲解。本案例共有 7 个波段，其中 4 个波段成功，3 个波段失败，下面以 3 万元操作东南油 100 桶 5 手的仓位给大家具体分析。
实战图示	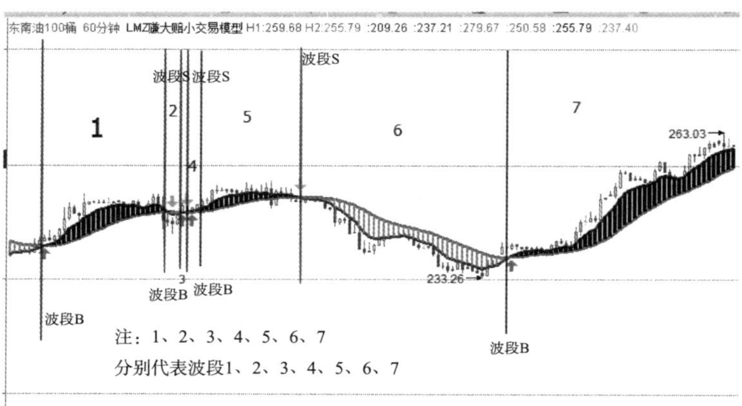

续表

<table>
<tr><td rowspan="3">波段 1
（成功）
3. 9—3. 11</td><td colspan="2">1. 由于在 3 月 9 日 19：00 以后下跌波段结束，蓝线上穿红线，并且出现了向上的箭头及波段 B，因此上涨趋势确立。于是在第二根 K 线，也就是 3 月 9 日 20：00，逢低在 240 建仓东南油 100 桶多单 5 手。
2. 这 5 手多单不设止损止赢。
3. 这 5 手多单一直到 3 月 11 日 00：00 以后，出现蓝线下穿红线，出现死叉，并且出现向下的箭头及波段 S 点，上涨波段结束。因此在第二根 K 线，也就是 3 月 11 日 01：00 逢高在 246 止赢多单。
4. 这个波段的操作是成功的。</td></tr>
<tr><td>计算公式</td><td>实际盈亏 = （卖出价 - 买入价）* 交易单位 * 手数 - 手续费 - 点差 - 延期费</td></tr>
<tr><td>实际盈亏
（2626 元）</td><td>交易保证金：240 * 100 * 5 * 5% = 6000 元
点差费：0. 36 * 100 * 5 = 180 元
手续费：（240 + 246）* 100 * 5 * 0. 0007 = 170 元
延期费：240 * 100 * 5 * 0. 0001 * 2（持仓天数）= 24 元
实际盈亏：（246 - 240）* 100 * 5 - 180 - 170 - 24 = 2626 元
合计盈利：2626 元</td></tr>
<tr><td rowspan="2">波段 2
（失败）
3. 11—3. 11</td><td colspan="2">1. 由于 3 月 11 日 00：00 蓝线下穿红线出现死叉，并且出现向下的箭头及波段 S 点，上涨波段结束，说明下跌波段确立。
2. 于是在 3 月 11 日 01：00 逢高在 246 左右把多单止赢的同时，反手做了东南油 100 桶的空单 5 手。
3. 这 5 手空单不设止损止赢。
4. 这 5 手空单一直持有到 3 月 11 日 02：00，蓝线上穿红线，并且出现了向上的箭头及波段 B，因此上涨趋势确立。于是在第二根 K 线，也就是 3 月 11 日 03：00 逢低把在 246 建仓的 100 桶东南油空单 5 手，在 246 全部止损。
5. 这个波段的操作是失败的。</td></tr>
<tr><td>计算公式</td><td>实际盈亏 = （卖出价 - 买入价）* 交易单位 * 手数 - 手续费 - 点差 - 延期费</td></tr>
</table>

续表

<table>
<tr><td>波段 2
（失败）
3. 11—3. 11</td><td>实际盈亏
（－352 元）</td><td>交易保证金：246 * 100 * 5 * 5% ＝6150 元
点差费：0. 36 * 100 * 5 ＝180 元
手续费：（246 ＋246）* 100 * 5 * 0. 0007 ＝172 元
延期费：246 * 100 * 5 * 0. 0001 * 0（持仓天数）＝0 元
实际盈亏：（246 －246）* 100 * 5 －180 －172 －0 ＝ －352 元
合计盈利：－352 元</td></tr>
<tr><td rowspan="3">波段 3
（失败）
3. 11—3. 11</td><td colspan="2">1. 由于在 3 月 11 日 02：00 下跌波段结束，蓝线上穿红线，并且出现了向上的箭头及波段 B，因此上涨趋势确立。于是在第二根 K 线，也就是 3 月 11 日 03：00，逢低在 246 建仓东南 100 桶多单 5 手。
2. 这 5 手多单不设止损止赢。
3. 但是在 03：00 建仓之后，1 小时没有走完，又出现向下箭头，于是在 246 又把多单止损。
4. 这个波段的操作是失败的。</td></tr>
<tr><td>计算公式</td><td>实际盈亏 ＝（卖出价 －买入价）* 交易单位 * 手数 －手续费 －点差 －延期费</td></tr>
<tr><td>实际盈亏
（－352 元）</td><td>交易保证金：246 * 100 * 5 * 5% ＝6150 元
点差费：0. 36 * 100 * 5 ＝180 元
手续费：（246 ＋246）* 100 * 5 * 0. 0007 ＝172 元
延期费：246 * 100 * 5 * 0. 0001 * 0（持仓天数）＝0 元
实际盈亏：（246 －246）* 100 * 5 －180 －172 －0 ＝ －352 元
合计盈利：－352 元</td></tr>
<tr><td>波段 4
（失败）
3. 11—3. 11</td><td colspan="2">1. 由于 3 月 11 日 07：00 蓝线下穿红线出现死叉，并且出现向下的箭头及波段 S 点，上涨波段结束，说明下跌波段确立。
2. 于是在 3 月 11 日 07：00 逢高在 246 把多单止损的同时，反手做了东南油 100 桶的空单 5 手。
3. 这 5 手空单不设止损止赢。
4. 在 07：00 建仓空单之后，在这一小时走完之后，又出现向上的箭头，于是在 08：00 把这个空单在 247 止损。
5. 这个波段的操作是失败的。</td></tr>
</table>

续表

<table>
<tr><td rowspan="2">波段 4
（失败）
3. 11—3. 11</td><td>计算公式</td><td>实际盈亏 = （卖出价 – 买入价）＊交易单位＊手数 – 手续费 – 点差 – 延期费</td></tr>
<tr><td>实际盈亏
（ –852 元）</td><td>交易保证金：246＊100＊5＊5% =6150 元
点差费：0. 36＊100＊5 = 180 元
手续费：（246 +247）＊100＊5＊0. 0007 = 172 元
延期费：246＊100＊5＊0. 0001＊0（持仓天数）=0 元
实际盈亏：（246 –247）＊100＊5 –180 –172 –0 = –852 元
合计盈利： –852 元</td></tr>
<tr><td rowspan="3">波段 5
（成功）
3. 11—3. 14</td><td colspan="2">1. 由于在 3 月 11 日 07：00 下跌波段结束，蓝线上穿红线，并且出现了向上的箭头及波段 B，因此上涨趋势确立。于是在第二根 K 线，也就是 3 月 11 日 08：00，逢低在 247 建仓东南油 100 桶多单 5 手。
2. 这 5 手多单不设止损止赢。
3. 这 5 手多单一直到 3 月 14 日 09：00 出现蓝线下穿红线，出现死叉，并且出现向下的箭头及波段 S 点，上涨波段结束。3 月 14 日 10：00 逢高在 249 止赢多单。
4. 这个波段的操作是成功的。</td></tr>
<tr><td>计算公式</td><td>实际盈亏 = （卖出价 – 买入价）＊交易单位＊手数 – 手续费 – 点差 – 延期费</td></tr>
<tr><td>实际盈亏
（609 元）</td><td>交易保证金：247＊100＊5＊5% =6175 元
点差费：0. 36＊100＊5 = 180 元
手续费：（247 +249）＊100＊5＊0. 0007 = 174 元
延期费：247＊100＊5＊0. 0001＊3（持仓天数）=37 元
实际盈亏：（249 –247）＊100＊5 –180 –174 –37 =609 元
合计盈利：609 元</td></tr>
</table>

续表

<table>
<tr><td rowspan="3">波段 6
（成功）
3. 14—3. 16</td><td colspan="2">1. 由于3 月 14 日 09：00 蓝线下穿红线出现死叉，并且出现向下的箭头及波段 S 点，上涨波段结束，说明下跌波段确立。
2. 于是在 3 月 14 日 10：00 逢高在 249 把多单止损的同时，反手做了东南油 100 桶的空单 5 手。
3. 这 5 手空单不设止损止赢。
4. 这 5 手空单一直持有到 3 月 16 日 08：00 蓝线上穿红线，并且出现了向上的箭头及波段 B，因此上涨趋势确立。于是在第二根 K 线，3 月 16 日 09：00，把在 249 建仓的东南油 100 桶空单 5 手，在 239 全部止赢。
5. 这个波段的操作是成功的。</td></tr>
<tr><td>计算公式</td><td>实际盈亏 = （卖出价 - 买入价）* 交易单位 * 手数 - 手续费 - 点差 - 延期费</td></tr>
<tr><td>实际盈亏
（4626 元）</td><td>交易保证金：249 * 100 * 5 * 5% =6225 元
点差费：0. 36 * 100 * 5 = 180 元
手续费：（249 + 239）* 100 * 5 * 0. 0007 = 170 元
延期费：249 * 100 * 5 * 0. 0001 * 2（持仓天数）= 24 元
实际盈亏：（249 - 239）* 100 * 5 - 180 - 170 - 24 = 4626 元
合计盈利：4626 元</td></tr>
<tr><td rowspan="2">波段 7
（成功）
3. 16—3. 18</td><td colspan="2">1. 由于在 3 月 16 日 08：00 下跌波段结束，蓝线上穿红线，并且出现了向上的箭头及波段 B，因此上涨趋势确立。于是在第二根 K 线，也就是 3 月 16 日 09：00，逢低在 239 建仓东南油 100 桶多单 5 手。
2. 这 5 手多单不设止损止赢。
3. 这 5 手多单一直到 3 月 18 日，也是写本案例的今天还是多单持有，以现价 260 来计算。
4. 这个波段的操作是成功的。</td></tr>
<tr><td>计算公式</td><td>实际盈亏 = （卖出价 - 买入价）* 交易单位 * 手数 - 手续费 - 点差 - 延期费</td></tr>
</table>

续表

<table>
<tr><td>波段 7
（成功）
3. 16—3. 18</td><td>实际盈亏
（10123 元）</td><td>交易保证金：239 * 100 * 5 * 5% =5975 元
点差费：0. 36 * 100 * 5 = 180 元
手续费：（239 + 260） * 100 * 5 * 0. 0007 = 174 元
延期费：239 * 100 * 5 * 0. 0001 * 2（持仓天数）= 23 元
实际盈亏：（260 - 239） * 100 * 5 - 180 - 174 - 23 = 10123 元
合计盈利：10123 元</td></tr>
<tr><td>本案例小结</td><td colspan="2">1. 这次操作从 2016 年 3 月 9 日到 2016 年 3 月 18 日，差不多是 10 天，操作了 60 分钟中的 7 个波段，其中 3 个波段是失败的，4 个波段是成功的。
2. 失败的 3 个波段：波段 2 赔 352 元，波段 3 赔 352 元，波段 4 赔 852 元。
总亏损：1556 元。
3. 4 个成功的波段实现了大赚：波段 1 赚 2626 元，波段 5 赚 609 元，波段 6 赚 4626 元，波段 7 赚 10123 元。
总盈利：17984 元。
4. 这 10 天的操作总投入 3 万元，净利润：17984 - 1556 = 16428 元。
5. 从 60 分钟这 7 个波段我们发现，失败的 3 个波段都是小赔，最大的赔 852 元，而成功的 4 个波段都是大赚，因此，60 分钟的短周期交易案例再次证明这个交易模型可以实现赚大赔小。
6. 在 60 分钟的周期里面，10 天的时间我们就操作了 14 次，证明操作次数多，我们要付出比较多的手续费和点差费。
7. 在 60 分钟的周期里，信号会反复出现，要反复止损，是对心态的考验，很多人做不到连续交易。
8. 60 分钟的操作，要求必须盯盘，对一些有工作的投资者不太适合，特别是晚上还要操作，要想做连续的交易基本上不可能。</td></tr>
</table>

投资提示

1. 通过实践证明60分钟的连续交易仍然可以实现赚大赔小。

2. 在60分钟交易的过程当中，假信号比较多，对投资者的心理考验是很大的。

3. 60分钟交易对于有工作的投资者不太适合。因为，60分钟需要投资者盯盘，特别是晚上。

4. 60分钟交易由于交易信号比较多，有时会出现反复操作，需要支出更多的手续费和点差费，会反复赔钱。

5. 60分钟连续交易在理论上是可行的，但在实际操作当中，连续交易的可能性不大。

投资格言

市场也经常处于不定状态，投资者如果能对明显的事物打个折扣，而把赌注放在别人意想不到的事物上，则必将获得大利。

——罗杰斯

附录五

杰西·利弗莫尔的投资心得

一、耐心等待，时机就是一切

1. 优秀的投机家们总是在等待，总是有耐心，等待着市场证实他们的判断。要记住，在市场本身的表现证实你的看法之前，不要完全相信你的判断。

2. 在心理上预测行情就行了，但一定不要轻举妄动，要等待，直到你从市场上得到证实你的判断是正确的信号，到了那个时候，而且只有到了那个时候，你才能用你的钱去进行交易。

3. 如果你在心中预测，接下来市场或者是某只股票将如何表现，其实这没有什么问题。但是在市场真正的走势确认你的想法之前，千万不要轻举妄动；同样如果在你心里判断市场走向，这也完全没有问题，但是在市场走向符合你的判断，发出了明确的信号之前，你还是乖乖地等待吧——只有在出现了确认信号之后，你才应该投入真金白银。关键价位是确认信号的核心，你必须要让行情发展到那一步再入场。

4. 不管在什么时候，我都有耐心等待市场到达我称为“关键点”的那个位置，只有到了这个时候，我才开始进场交易，在我的操作中，只要我是这样的，总能赚到钱。因为我是在一个趋势刚开始的心理时刻开始交易的，我不用担心亏钱，原因很简单，我恰好是在我个人的原则告诉我立刻采取行动的时候果断进场开始跟进的，因此，我要做的就是，坐着不动，静观市场按照它的行情发展。我知道，如果我这样做了，市场本身的表现会在恰当的时机给我发出让我获利平仓的信号。

5. 在长线交易中，除了知识以外，耐心比任何其他因素更为重要。实际上，耐心和知识是相辅相成的，那些想通过投机获得成功的人应该学会一个简单的道理：在你买入或是卖出之前，你必须仔细研究，确认是否是你进场的最好时机。只有这样，你才能保证你的头寸是正确的头寸。

6. 要将“入场时机、资金管理和控制情绪”原则结合起来，在通盘考虑这些通用交易原则的时候，我可以说，许多投机者离场入场都是出于冲动，很多时候他们都是一次性买入了所有持仓。这是一个危险的错误。

7. 等待，直到出现所有的信息都对你有利，记住采用“从宏观到微观交易”的方式。一定要有耐心。

8. “从宏观到微观的交易”关键就是察看四个关键要素是否共振——整体大势、行业板块、配对股票和你准备交易的股票是否趋势一致。

9. 利弗莫尔一向认为，“时间”是交易中客观而核心的要素。

他经常对别人说："一个人能赚到钱靠的不是想法，让他真正赚到钱的是坐在那里等待机会的出现。"当所有条件都满足他的要求，当所有的可变因素都对他有利，这个时候，利弗莫尔就果断地一剑封喉，就像一条迅猛的眼镜蛇。

10. 要想踩准节奏，最好的办法就是在突破关键价位的时候入场，在趋势即将发动的时候入场。

11. 每当我失去耐心，不等关键价位击破而仅仅为了一点蝇头小利入场的时候，最终的结果就是亏钱。

二、砍断亏损，快速认赔，让利润奔跑

1. 要想在投机中赚到钱，就得买卖一开始就表现出利润的商品或者股票。那些买进或卖出后就出现浮亏的东西说明你正在犯错，一般情况下，如果三天之内依然没有改善，立马抛掉它。

2. 当我看见一个危险信号的时候，我不跟它争执，我躲开！几天以后，如果一切看起来还不错，我就再回来。这样，我会省去很多麻烦，也会省很多钱。

3. 快速认赔出场。保护自己，不受错误的决定太大的影响，最多损失 10% 。

4. 绝不要平摊亏损，一定要牢牢记住这个原则。

5. 当股价从 10 美元涨到 50 美元，你不要急于卖出，而应该思考一下有没有进一步的理由促使它从 50 美元涨到 150 美元。

三、顺势而为

1. 在价格进入到一个明显的趋势之后，它将一直沿着贯穿其整个趋势的特定路线而自动运行。

2. 我的经验是，如果我不是在接近某个趋势的开始点才进场交易，我就绝不会从这个趋势中获取多少利润。原因是我没有在行情初期积累多少盈利，但正是这些盈利才能给我带来勇气和耐心，从而帮助我抓住整个行情——只有这样，我才能在出现任何回调的时候沉得住气。这些回调会时不时出现，但是回调之后，行情还会按照其原来的轨迹继续运行。

3. 很多时候市场会及时给你准确的暗示，告诉你什么时候应该入场，但前提是你要有足够的耐心去等待。同样，市场也会给你暗示，告诉你什么时候应该及时离场。“罗马不是一天建成的”，真正重大的趋势不会在一天或一个星期就结束，它走完自身的逻辑过程需要时间。重要的是，市场运动的一个很大部分是发生在整个运动过程的最后48小时之内，你要保证这个时候你自己在场内。

4. 只要认识到趋势在什么地方出现，顺着潮流驾驭你的投机之舟，就能从中得到好处。不要跟市场争论，最重要的是，不要跟市场争个高低。

5. 在进入交易之前，最重要的是最小阻力线是否和你的方向一致。

6. 市场只有一个方向，不是多头，也不是空头，而是做对的方向。

四、杜绝频繁操作

1. 记住这一点：在你什么都不做的时候，那些觉得自己每天都必须买进卖出的投机者们正在为你的下一次投机打基础，你会从他们的错误中找到赢利的机会。

2. 频繁交易（每天或者每个星期操作），是失败者的玩法，不会取得太大的成功。操作股票获利的时机有许多，但有些时候，应该缩手不动，绝不操作。当市场缺乏大好机会，经常休息和度假是很明智的选择。因为在纷纭的市场中，有时退居场边当个旁观者，可以比日复一日不断观察小波动，更能看清重大的变化。

五、关键点研究

1. 如果一位投机者有能力确定某只股票的关键点，并运用关键点来解释股价的波动，那就能够有相当把握建立那种从头开始一直盈利的头寸。

2. 通过仔细观察图表，研究市场本身的行为（股价变化、成交量变化等），并结合市场的时间因素，他就有能力发现许多的关键点，并通过关键点建立头寸，以等待市场的快速运动。但是，一定要自我训练，充分认识到借助关键点去交易是需要有耐心的，你必须投入时间去研究，必须亲自动手，唯有用心体悟，你才会发现，研究关键点的过程就像挖掘金矿，这项工作如此迷人，几乎难以置信，你将从此在独立判断的成功交易中体会到一种快乐和满足。

3. 利用关键点位预测市场运动的时候，要记住，如果价格在超过某个关键点位后，价格的运动不像它应该表现的那样，那这就是一个必须密切关注的危险信号。

4. 我相信很多操作者都有过相似的经历，从市场本身来看，似乎一切都充满了希望，然而就是此时此刻，微妙的内心世界已经闪起危险的信号，只有通过对市场长期研究和在市场上长期的摸爬滚打，才能慢慢培养出这种特殊的敏感。

5. 当一个投机者开始有能力确定一只股票的关键价位，并且明白到了关键价位的时候股票会何去何从时，他应该充满信心，赶紧入场，因为这个时候就是行情的启动点。

6. 根据我的操盘经验，首先你应该对特定股票的具体情况仔细分析。之后，你要明确什么时候入场最为合适，这是非常重要的——最开始的买点。仔细研究股票行情记录，琢磨该股过去几周的波动——找到关键的价格转折点。当你关注的股票就要接近这个你事先判断出来的关键价位的时候，那么根据你的判断，趋势即将形成，这个时候你就应该建仓入场了。

7. 我怎么强调关键价位的重要性都不为过。在我领会了其中的奥妙之后，这就成了我最重要的交易武器。在整个 20 世纪 20 年代和 30 年代，整个投机市场都没有认识到这种交易秘密的奥妙。可以说关键价位是一个把握入场时机的利器。我利用这个方法确定入场和离场的时机。

8. 再强调一遍，关键价位不是那么好定义的。在我看来，它应该是市场从根本上转向了——市场情绪已经酝酿得恰到好处，新一波趋势就要开始。这是整个市场根本趋势的重大转折。

9. 趋势反转的关键价位，对我来说就是最好的交易时机。趋势反转的关键价位基本上总是伴随着成交量放大而出现的，买量到达最高，同时卖出量达到低点——反过来其实也是这样。想要了解关键价位，就必须了解成交量放大的含义——只有出现了放大的成交量，你才知道关键价位出现了。这个时刻其实是市场上多空双方的对决，甚至是一场战争，想要改变市场的趋势，要么由多转空，要么触底反弹。对于这只股票来说，可能是一波新的趋势的起点。这种能够确认趋势反转的成交量放大会比正常的日均成交量大得多，从 50% 到 500% 。

10. 如果你在关键价位之上 5% 或者是 10% 建仓，那么你的入场时机已经晚了，这个时候你已经失去了最佳时机，行情可能已经走了大半截了。

11. 我同样相信，行情中幅度最大的那一截发生在整波行情的最后两周，我称之为行情的最终构成部分。

12. 大多数投机者是不会在上涨的时候出货的——他们只会在下跌的时候出货。原因很简单——没有人愿意遭受损失，所以不知情的公众看到股票下跌之后，肯定会紧紧捂住自己的头寸，等到股票反弹到自己的成本价的时候再卖出。这就是为什么那么多股票反弹到前期高点的时候就会回调的原因。那些被套在前期高点的人现在要把股票抛掉了——现在他们已经吓了个半死，惊吓过度——能够不亏已经很高兴了。这是利弗莫尔总会在股票突破新高时候买入的原因之一。

13. 我的交易方法是：当我看到某只股票的上升趋势正在展开后，先等股价出现正常的向下回撤，然后股价再次创出新高时，我就会立即买进，对此你也许感到疑惑，什么道理？我正在选择恰当的时机追随这个趋势，我绝不会在股价向下回撤的时候买入。

六、关注领头羊

1. 集中全力操作新多头市场中的领先股，即先等市场确认哪些股票是领先股——通常是涨势最强的股，再进场操作。集中火力操作领先股群，而不是分散投资到整个市场。避开疲软的行业，以及那些行业中疲软的股票，即不买便宜的股票。因为疲弱不振、价格下滑的股票总是很难回升，所以交易者要限制自己避免操作弱势股，只买正往前冲刺、交易热络的股票。（每一轮行情都有一群主流品种领涨整个市场，这些股票是你的最佳选择品种。如果你总是对此视而不见，或者喜欢在二线股上找机会，期望补涨，那只能说你的方法有问题，或者是性格方面的原因所致，这实在是一个很致命的弱点。）

2. 要抓住强势板块的龙头股，只有龙头股才有真正的波动。

3. 你应该研究当天最热门的那只股票的波动，如果你不能够在热门股票上赚到钱，那么就很难在整个市场里赚到钱。

4. 应该试着关注有限的几个板块，而不是整个市场，千万不要在同一个时候关注太多的股票。跟同时关注许多只股票相比，只关注少数几只股票的效果要好得多。许多年前，我曾犯过这样的错误，交了很昂贵的学费。

5. 聪明的投机者会仔细研究少数几个板块，研究这些板块中的龙头股。

6. 我坚信投机者就应该盯着市场中的领头羊，去选择一个板块中表现最抢眼的股票——不要被那些便宜股票所诱惑，那些绩差股没有什么意思。要盯着领头羊，市场中的热点、板块中最强势的股票。

7. 这种有针对性研究的范围始终是有限度的，是交易员自己能够掌握的，所以你才能将精力放在最有上涨潜力的板块和股票上，同时只交易这些股票。千万不要让贪欲冲昏头脑，别总想去摸顶和抄底。

七、慎防小道消息

1. 不要轻易听信别人的小道消息和内幕信息。做好自己的家庭功课，只看事实，了解基本面。

2. 不要把消息作为交易的依据。

八、板块联动

1. 明确板块的走向是成功交易的关键。

2. 板块是联动的，想要让自己的思路跟上市场状态、踩准节奏，最后获得成功，最聪明的办法就是深入研究同行业的股票，从而找到好的板块，同时分辨出坏的板块。如果发现有的板块很有希望上涨，那么赶紧买入；但是如果有的板块行情转坏，那么就赶紧退出。

3. 20 世纪 20 年代，利弗莫尔发现了另外一项重要的市场规律——“板块运动”，并将其运用到自己的交易策略中。通过观察，利弗莫尔发现股票不是自顾运行的，它们总是按照板块规律运行。如果美国钢铁股票上涨了，那么过不了多久，伯利恒钢铁、共和钢铁和坩埚钢铁等同行业股票都会跟风上涨。对这个现象利弗莫尔观察到了很多次，从此这便成为利弗莫尔的一项交易利器。

4. 如果美国钢铁公司在股市上表现强劲，那么支持那种表现的基本面因素对于同行业的其他股票来说肯定也是利多。同样原理也适用于市场上做空——如果一个板块表现疲软，那么这个板块所有的股票全部都会受到拖累。

5. 如果强势板块中的某只股票没有跟随同行业其他股票一起上涨，这至少说明这只股票比较虚，或者说“病了”，买入这只股票要当心，因为它没有跟其他同类股一起共振。

6. 利弗莫尔相信，通过观察板块的走势就能够发现大盘转向的蛛丝马迹。如果前期的强势板块走弱，甚至崩盘，那么这通常意味着市场马上就要回调了，通过这个方法，他成功地预测到了 1907 年市场的那次转向，1929 年又复制了之前的成功；一般来说，都是龙头板块最先见顶转弱。

7. 绝对不要紧盯着一只股票看，要看就看两只股票，如果看到两只股票走势一致，两者之间相互印证，你心里就有底了。如果出现市场信号，那么这个信号就会在这两只股票上出现两次，你错过这个机会的可能性就小了一半：你看，两只股票出现共振了，这就能够坚定你入场的信心。

九、成交量变化

1. 从第一笔交易开始，利弗莫尔就密切留意成交量的变化。如果成交量急剧变化，那么利弗莫尔会很清楚地认识到行情出现了异常或者是反常情况，也就是说，跟正常情况完全不一样。其中的奥妙在于，投机者到底是在吸筹还是出货——成交量放大但是价格没有明显改变。利弗莫尔非常善于发现出货的蛛丝马迹。在这方面有一整套自己的看法，因为他知道那个时代的大作手是怎么操作的。

2. 成交量的变化可谓是一个重要的“危险信号”。绝大多数情况下，这都意味着事情正在发生变化，有可能是公司基本面的变化，也可能是持股者的某种反常行为。正是出于这个原因，利弗莫尔才对此格外留意。此时成交量变化会不会导致崩盘，并拉开全面下跌的序幕？抑或是人们对这只股票发生了“真正的兴趣”，准备将其推向新高？

3. 利弗莫尔从来不花时间去寻找所谓的“真正的原因”。对他来说，成交量的变化就是危险信号，这是不言而喻的真理。只要成交量出现变化就够了，对于利弗莫尔来说，这就已经是“因为所以”了。

十、情绪控制

“从众心理”是大资金获利的法宝，所以高手操盘会充分利用该心理一次次让投机者心理崩溃，一次次让投机者情绪亢奋。

[作者小结]

本章是赚大赔小交易模型的实战案例部分，也是赚大赔小投资理念的实战，是我们在现货原油市场实现盈利的最为关键的一步。

实践是检验真理的唯一标准，赚大赔小交易模型及投资理念是不是能实现稳定盈利，只有通过实战来验证。我从不同周期给大家进行了实战讲解。只要你坚持按规则交易，你就可以实现赚大赔小，这是简单、实用的交易方法。

本书全部学习完之后，请大家思考这个问题：**要想在这个市场盈利，你必须找到实现赚大赔小的方法，你找到了吗？如果没有找到，那么你可以学习别人的，也可以自己去总结。总之，这是你在这个市场盈利的唯一途径。**

投资格言

我想告诉你这一点：我的想法从来都没有替我赚过大钱，总是我耐心等待替我赚大钱，懂了吗？是我耐心等待！对市场判断正确丝毫不足为奇。我认识很多在适当时间里判断正确的人，他们开始买进或卖出时，价格正是在应该出现最大利润的价位上。他们的经验全都跟我的一样，也就是说，他们没有从中赚到真正的钱。能够同时判断正确又耐心等待的人很罕见，我发现这是最难学习的一件事。但是股票作手只有确实了解这一点之后，他才能够赚大钱。要赚大钱一定要在大波动中赚。不管推动大波动起步的因素可能是什么，事实俱在，大波动能够持续下去，不是内线集团炒作或金融家的技巧造成的结果，而是依靠基本形势。不管谁反对，大波动一定会照着背后的推动力量，尽其所能地快速推动到尽头。

——杰西·利弗莫尔